Omicron Expuesta: ¡Estafa!

¿La Gran Farmacia y la élite globalista destruyen nuestra libertad y nuestro futuro?

Agenda 21 - El gran reseteo 2030 - NWO

Libros de Truth Leaks

Descargo de responsabilidad

Este documento pretende proporcionar información exacta y fiable en relación con el tema y la cuestión tratados. La publicación se vende con la idea de que el editor no está obligado a prestar servicios contables, oficialmente permitidos o de otro tipo, calificados. En caso de que sea necesario un asesoramiento, legal o profesional, se debe solicitar a una persona con experiencia en la profesión - de una Declaración de Principios que fue aceptada y aprobada igualmente por un Comité de la Asociación de Abogados de Estados Unidos y un Comité de los Editores y Asociaciones.

La presentación de la información es sin contrato ni ningún tipo de garantía. Las marcas comerciales que se utilizan son sin ningún tipo de consentimiento, y la publicación de la marca comercial es sin el permiso o el respaldo del propietario de la marca. Todas las marcas comerciales y marcas dentro de este libro son sólo para fines de aclaración y son propiedad de los propios propietarios, no afiliados a este documento. No fomentamos ningún tipo de abuso de sustancias y no nos hacemos responsables de la participación en actividades ilegales.

¡Devuélvannos nuestro futuro!

Dos opciones: una opta por la salud, la otra por más y más enfermedad (piénselo, ¿qué opción somos?) - El profesor Pierre Capel: "es realmente criminal lo que se está haciendo

Ya llevamos unos 20 meses. Las inyecciones no funcionan ni un solo momento, y todo tipo de cosas van mal", comienza el profesor de inmunología experimental Pierre Capel. Luego muestra la conexión molecular de una "sustancia" cuyo nombre ya no puede mencionar sin correr el riesgo de ser bloqueado: Ivermectina. 'Vamos a ver eso. No está permitido, pero lo hacemos en secreto de todos modos'.

Esa "sustancia" se descubrió hace 50 años y ya se ha recetado a 2.600 millones de personas sin ningún problema. Se conocen la dosis correcta y los posibles efectos secundarios (leves y poco frecuentes). Funciona directamente contra muchas enfermedades e infecciones, como la ceguera de los ríos, la malaria, los flavovirus, el dengue y, sí, también perfectamente contra los coronavirus.

La ivermectina también ha ganado el máximo galardón médico, el Premio Nobel. Los que la desarrollaron se aseguraron de que no se pudiera patentar y, por tanto, de que no se pudiera ganar dinero, por lo que cuesta menos de 1 euro y, en teoría, está disponible para todos los habitantes del mundo. (En resumen: una absoluta pesadilla para la Gran Farmacia).

Dos países: uno opta por la salud, el otro por más y más enfermedades

Recientemente, Japón tuvo otro brote de corona, "casualmente" después de que casi todo el mundo fuera vacunado. El 13 de agosto, el gobierno japonés tomó una valiente decisión al ir en contra de los dictados de la OMS (= Bill Gates), es decir, permitiendo la Ivermectina. Las "infecciones" siguieron aumentando durante un tiempo, pero luego experimentaron un fuerte descenso. Ahora la enfermedad ha desaparecido. La variante delta, y todas las variantes, ya no existen. Qué tontería...

'Entonces tenemos otra opción', continúa Capel. 'Y también tienen un montón de 'infecciones' - sea lo que sea - en el otoño. Pero supongamos que todo era Covid. Entonces había que hacer algo. ¿Y qué fue eso? Se prohibió la pastillita y se impusieron altas sanciones'. ¿Consecuencia para la enfermedad? Va bien. ¡Déjala ir! Afortunadamente, todo se puede volver a romper. Las vacunas no funcionan, ¿y la tercera inyección? Olvídalo. Y la enfermedad permanece: '¿Traer de vuelta mejor? Eso es lo que vamos a hacer'.

Entonces, ¿hay algo positivo que decir sobre la "vacuna"?

* No funciona con los ancianos, como demuestran todo
tipo de estudios. El grupo que supuestamente está
protegido enferma porque su sistema inmunológico ha
envejecido, que a los 83, 84 o más años casi se muere.
No funciona para eso.

* La proteína de la espiga que se está pinchando es la
espiga de Wuhan, y no existe desde hace mucho
tiempo. Como resultado, no se producen anticuerpos
neutralizantes para Delta, Kappa, Brittany, la Columbian
y otras variantes.

* Muy molesto: las inyecciones generan anticuerpos
que en realidad empeoran las cosas (Antibody
Dependent Enhancement - ADE). Las "vacunas" en
realidad generan más y más rápidas mutaciones,
convirtiendo a los vacunados en súper propagadores.
También hay todo tipo de estudios sobre esto.

* La proteína de la espiga es tóxica y no se queda en el
brazo, sino que se extiende por todo el cuerpo
(incluidos los órganos cruciales, el corazón y el cerebro)
y provoca daños allí, como problemas de coagulación y
problemas inflamatorios. Capel: "Sí, y el hecho de que
de repente los jóvenes de todo el mundo (incluido un
número sorprendente de atletas) se caigan con un
problema de corazón... bueno, eso 'no tiene nada que
ver' ....

* Hay un número increíble de efectos secundarios y
muertes. (Más que todas las otras 70+ vacunas en 30

años juntas. Sólo en la UE hay 30.000 muertes registradas oficialmente por la vacuna Covid, y 1,3 víctimas con daños permanentes y graves para la salud. Dado que, según varios estudios, el monitor oficial de vacunación de la UE, EudraVigilance, contiene históricamente sólo el 6% de las cifras reales, el número de muertes por vax en la UE supera ya, por tanto, el medio millón en realidad).

Lo hacemos para cuidar", ¿cómo es eso?

'El futuro de ellos se está dilapidando he-le-mente. Por el amor de Dios, ¡despierta! Y si estás tan asustado, de acuerdo - ¡pero devuelve el futuro a tus hijos!'

Amigos, mañana (= hoy) volverán a aparecer esas historias increíblemente intelectuales, bien orientadas y fantásticamente fundadas sobre por qué hay que cerrar las escuelas, por qué hay que hundir la hostelería, por qué hay que desaparecer las PYMES, todo ello "por la salud pública". Pero miren esto en el cielo", señalando el compuesto molecular de la "sustancia" probada, segura, barata y que funciona perfectamente

'Eso podría resolver algo, pero no debería, porque entonces no mejorará 'en la tierra'. En realidad deberíamos 'Traer de vuelta lo mejor' (/ variante de 'Construir de vuelta lo mejor'). Quien lo crea, puede decirlo. Yo no lo creo".

Índice de contenidos

¿La guerra contra nuestros hijos?

La enfermera jefe eslovena dimite y muestra a los periodistas que los frascos de las vacunas contienen códigos: 1 = placebo (para cifras conocidas), 2 = la inyección de ARNm, 3 = contiene el gen ONC que daría cáncer a todo el mundo en 2 años

Los viejos tiempos han sido revividos y remodelados mientras cientos de miles de padres en todo el mundo están dispuestos a sacrificar a sus propios hijos en el altar de las variantes modernas de Baal y Moloch. La guerra global de Pfizer contra los niños, de los que se abusa como (supuestos) "escudos" humanos inyectándoles sustancias experimentales que ponen en peligro su vida, - ha llegado ahora también a Israel y Canadá, donde se inyecta a niños de tan sólo 5 años.

En muchos países, millones de europeos salieron a la calle en las últimas semanas para protestar contra todas las medidas de Covid, pero sin una disposición masiva a la acción, estas manifestaciones no tienen sentido. Por acción no nos referimos a la violencia, por supuesto, sino simplemente a un rechazo total y firme a cooperar con todas estas medidas de apartheid que violan los derechos civiles y humanos, restringen la libertad y dañan la salud.

Como es sabido, vengo reclamando esto desde el año pasado. Por lo tanto, estoy totalmente de acuerdo con el editor Brian Shilhavy (Health Impact News), quien escribe que "estoy seguro de que los tiranos globalistas que van a toda máquina hacia su objetivo de obligar a la población mundial a ser esclava y reducir su número se están riendo de ustedes, ya que evidentemente ninguno de ustedes se enfrenta a estos tiranos".

Nadie hace nada para salvar a los niños

A medida que estas protestas crecen en número y alcance, los niños están siendo abusados y potencialmente asesinados en las cárceles, escuelas e iglesias", continuó. Sigo esperando que estas enormes multitudes abandonen las calles y se dirijan a estos centros de exterminio, que podrían cerrar fácilmente con semejante número de personas. Pero todo lo que veo son vídeos de padres felices que abusan e intentan matar a sus propios hijos, con el cerebro lavado por un culto a la vacunación que devora a sus hijos. Y nadie interviene para detenerlos y salvar a los niños".

Si quiere saber lo que le espera a un número considerable (y quizás incluso muy grande) de estos niños pequeños, sólo tiene que ver algunos ejemplos de niños y adolescentes que sufrieron graves daños en su salud o murieron tras ser inyectados con estas inyecciones experimentales de manipulación genética. Sus padres están ahora terriblemente arrepentidos, en parte porque muchos se dan cuenta de que podrían y deberían haberlo sabido:

Sólo los "antijabalíes" se niegan a sacrificarse y a sacrificar a sus hijos

Yo mismo soy padre, y consideraría cualquier aguja que se acercara a mi hijo, y también cualquier obligación de hacerlo, un intento directo de asesinato, y por lo tanto haría todo lo que estuviera en mi mano para impedirlo.

Pero aparentemente eso me convierte en un "pelele" en el año 2021, y los sumos sacerdotes como Bill Gates, Anthony Fauci, el Papa Francisco, me hacen feliz de poder sacrificar no sólo a mí, sino también a mi hijo bajo el falso disfraz de la "salud pública" a las Grandes Farmacéuticas como Pfizer y Moderna, los Baales y Molochs de nuestro tiempo.

¿Qué pasa con la fascinación milenaria e inerradicable de las personas, los pueblos y las religiones enteras por el sacrificio y el asesinato de otras personas e incluso de tu propia descendencia para complacer a los llamados "dioses", para que tú mismo puedas ser "absuelto" y quizás tener una "vida mejor" (en este caso recuperar tu libertad)?

Enfermera jefe eslovena: los frascos de vacunas contienen códigos

Que estas personas se inyecten primero a sí mismas y a sus propios hijos y familiares antes de exigirlo a los demás (lo que, por cierto, nunca debería ser una opción de todos modos). Pero una parte independiente debe ser capaz de garantizar que a estas conocidas figuras no se les administre secretamente solución salina, como ocurrió en 2009 durante el brote de gripe porcina en Alemania, y según una (supuesta) enfermera jefe de Eslovenia también se está haciendo ahora a escala masiva en ese país (y por lo tanto posiblemente en otras partes de Europa).

Esta enfermera jefe del Centro Médico Universitario de Liubliana dimitió y dijo a la cámara que los viales de la "vacuna" Covid-19 contendrían tres códigos. Los viales con un código que termina en 1 contienen un placebo, una solución salina, y están destinados a personajes conocidos de la política, los medios de comunicación, los negocios*, etc. No se permite que enfermen y mueran, por supuesto, porque eso asustaría al pueblo llano.

Los frascos marcados con un 2 contienen la vacuna de ARNm, y en los frascos marcados con un 3 se ha puesto el gen ONC que estimula el subdesarrollo del cáncer. Según la jefa de enfermeras, cualquiera que haya recibido el "número 3" desarrollará cáncer en un plazo de 2 años. (2) (Hemos esperado un poco con esta historia, ya que hay muy pocas fuentes directas disponibles, y también no se puede confirmar (todavía) lo que se dice exactamente en el vídeo).

(* Los empleados de BioNTech, socio de Pfizer, no se vacunan con su propio producto de todos modos por "razones de seguridad". Pero para ti es aparentemente

11

lo suficientemente "seguro" como para imponértelo
bajo la amenaza de exclusión y otras sanciones...)

Así que date prisa y haz cola para tu inyección de
refuerzo, porque ¿quién no quiere esto?

¿Problemas con el MRNA?

Estudio sueco del horror: *Las proteínas de los picos inducidos por las vacunas suprimen la reparación del ADN y pueden causar una explosión de cáncer y enfermedades autoinmunes mortales* - La **política sistémica y los medios de comunicación dominantes nunca reconocerán la verdad, pero los ciudadanos podrían hacerlo cuando empiecen a experimentar las dolorosas consecuencias de primera mano.**

Los políticos del sistema enfadados y los medios de comunicación dominantes pueden gritar todo lo que quieran y seguir metiendo literalmente los dedos en las orejas, pero los 'antijabineros' han acertado una y otra vez con su supuesto 'pensamiento conspirativo' desde el año pasado. Una de las teorías más vergonzosas que parece estar convirtiéndose en la dura verdad es que los hospitales están cada vez más llenos de víctimas de la vacuna, falsamente etiquetadas como 'Covid'. En Estados Unidos, incluso por parte de los mayores seguidores de la vax, es difícil negar ya que la oleada de enfermos que inunda el sistema sanitario son en su gran mayoría vacunados, sufriendo graves consecuencias de estas inyecciones predichas por numerosos científicos, como trombosis y problemas cardíacos y respiratorios.

'En un año en el que ya hay tantos misterios, tengo uno más que compartir con vosotros: en todo Estados Unidos, las urgencias están a punto de estallar y nadie parece ser capaz de explicar por qué', escribe el célebre periodista-analista independiente Michael Snyder ('El colapso económico'). Señala que el número de casos de Covid en Estados Unidos es menos de la mitad que hace un año. Entonces se diría que ahora hay mucha menos gente que contrae el virus y que las urgencias se están vaciando. Pero ocurre lo contrario. En muchos hospitales, las urgencias están tan llenas que los pacientes graves tienen que ser atendidos en los pasillos.

Por ejemplo, el galardonado sitio de noticias médicas KHN titula "Las urgencias están inundadas de pacientes en estado crítico, aunque muchos no tienen Covid". El ejemplo que se da es el del Hospital Sparrow de Lansing, donde el personal apenas puede atender el enorme flujo de pacientes, y las 72 salas de urgencias están todas llenas.

Los pacientes también están "mucho más enfermos que nunca". La mayoría están siendo tratados por coágulos de sangre (trombosis), enfermedades cardíacas, problemas respiratorios y dolor abdominal. Como medio oficial, el KHN no puede señalar las vacunas sin correr el riesgo de ser cerrado inmediatamente, por lo que se especula que se trata de personas que deberían haber recibido tratamiento médico meses antes pero que se retrasàron por las medidas de cierre.

¿Por qué tantos jóvenes tienen problemas de corazón?

Esa es sin duda una causa plausible, pero no puede explicar del todo la enorme afluencia repentina. Así lo demuestran también varios casos trágicos que han llegado a las noticias, como el del director de un instituto de fútbol de Pensilvania, que celebró el campeonato de su equipo el pasado sábado. Por la noche, sufrió un infarto mortal. En el mismo estado, un niño de 12 años cayó muerto de repente mientras calentaba para un entrenamiento de baloncesto. Diagnóstico: problema fatal en su arteria cardíaca.

Un caso en Europa que no se podía ocultar: Sergio Agüero, de 33 años, famoso delantero del FC Barcelona, cayó repentinamente al suelo con arritmia cardíaca durante un partido. Dos días después, un partido de fútbol en Noruega tuvo que ser interrumpido después de que un futbolista de 28 años sufriera una parada cardíaca. A principios de este año, las imágenes durante la Eurocopa de un futbolista danés, Christian Eriksen, cayendo al suelo por problemas cardíacos dieron la vuelta al mundo.

Siempre ha habido personas que mueren inesperadamente debido a problemas cardíacos no descubiertos, pero empieza a ser muy llamativo que este año haya muchas personas más jóvenes entre ellas, lo que ciertamente no es normal. ¿Y tres futbolistas en pocos meses? (Entonces esos son sólo los casos que llegan a los medios de comunicación).

'Prueba de que la vacuna funciona...'

Como de costumbre, Snyder termina con una pregunta: "¿Por qué tantos jóvenes tienen de repente problemas con su corazón? ¿Puede alguien explicármelo?".

Los reactivos de Zero Hedge no tienen dudas propias. 'Maravilloso cómo el autor hace preguntas de las que todo el mundo sabe la respuesta, pero no lo dice en voz alta. Es por la maldita vacuna, pero nunca lo admitirán, ni siquiera en los medios establecidos. ¿Cuánto tiempo pasará antes de que un ejército de progresistas (lett. 'Karens') se dé cuenta de que les han provocado una enfermedad cardíaca de por vida, o peor, que se mueran, porque les han mentido?'

'Oh, ¿te estás muriendo? Eso demuestra que la vacuna realmente funciona', escribe alguien cínicamente. Otro: 'Míralo por el lado bueno: si estás sano y mueres de un paro cardíaco a los 28 años, al menos no has muerto por culpa de Covid'. Muchos saben ahora la previsible reacción de la sanidad, la política y los medios de comunicación: las sagradas inyecciones no pueden ni deben tener la culpa, así que se culpará a Covid o a una variante, tal y como predijimos el año pasado:

'Ayer escuché de una amiga que se enteró de que su madre, una enfermera, estaba totalmente vacunada y aun así murió por culpa del Covid. 'Halloween no terminará este año... sólo acaba de empezar'.

16

'Pronto necesitarán una vacuna para los vacunados'. -
'¿No es la vacuna de refuerzo?' - 'Cada refuerzo es un
clavo para tu....' - 'No te preocupes, hay muchos
ataúdes preparados en los campos'.

No es un Covid, sino una pandemia de ARNm".

'No tenemos un Covid, tenemos una pandemia de
ARNm'. - 'Sí, las vacunas experimentales de ADN tienen
consecuencias'.

'Los principales medios de comunicación tienen razón
(cuando dicen que no es por las vacunas), porque estas
inyecciones no son vacunas de ninguna manera. Son
sustancias hostiles no probadas' (inyecciones de terapia
genética).

Un comentarista resumió sucintamente las mentiras de
la política y los medios de comunicación occidentales:
'¡No tiene NADA que ver con la vacuna!... El virus vino
de un mercado de pescado en Wuhan. La ivermectina y
la HCQ son peligrosas. Hay una pandemia de los no
vacunados'... Y luego todavía se preguntan por qué ya
no creemos al gobierno y a las noticias.

**Estudio de terror: Los picos causan cáncer y una
explosión autoinmune**

Mientras tanto, siguen llegando estudios científicos que
señalan y discuten las gravísimas consecuencias de
estas inyecciones de manipulación genética

empaquetadas como "vacunas". En Viruses 2021 (parte de MDPI), se publicó un estudio sueco sobre la proteína Spike del (supuesto) virus SARS-CoV-2, que se ha descubierto que bloquea la reparación del ADN dañado en las células del cuerpo humano hasta en un 90%, literalmente "destruyendo" la integridad genética, y en parte como resultado, amenazando con causar una explosión de cáncer y todo tipo de enfermedades autoinmunes graves, a menudo mortales.

En caso de que algunos digan: pero se trata de la proteína de la espiga del virus - es exactamente esta proteína de la espiga que las vacunas Covid-19 el cuerpo humano codifica. Los científicos llevan más de un año advirtiendo que las "vacunas" son una modificación genética y permiten que el propio cuerpo cree precisamente la partícula más peligrosa y patógena del virus. *

El Dr. Thomas Levy reitera en Orthomolecular.org el hecho probado de que las "vacunas" no se quedan en el lugar de la vacunación, como se afirmó durante meses, sino que parecen extenderse por todo el cuerpo. Además, cada vez hay más pruebas de que el cuerpo no deja de fabricar estas proteínas de punta. Además de los coágulos sanguíneos (trombosis) -ya identificados en Alemania y Canadá en el 40% al 62% de los pacientes GP vacunados- estos picos también pueden unirse a los receptores ACE2 sin entrar en la célula, lo que puede desencadenar reacciones autoinmunes.

¿Se está degradando lentamente el sistema inmunitario de los vaxxers?

En resumen: las vacunas de ARNm Covid-19 parecen estar descomponiendo constantemente el sistema inmunitario de los vaxxers, muy rápidamente en algunos, más lentamente en la mayoría. Los vaxxers sólo pueden esperar que en algún momento este proceso se detenga por sí mismo, una suposición muy incierta, que en cualquier caso puede ser inmediatamente desechada si se toman vacunas de refuerzo que, según los analistas, son 10 veces más potentes que las dos primeras inyecciones.

'Algunas estimaciones sugieren que el 50% de las personas inyectadas con vacunas de ARNm mueren en 5 años', reitera Mike Adams (Natural News). 'Ahora tenemos una mayor comprensión de los mecanismos por los que pueden ocurrir esas muertes fatales por vacunas'. (2) (Así que qué gran movimiento para empezar a inyectar a los niños pequeños con ella ahora, cuando oficialmente no se sabrá hasta dentro de 5 años si es segura).

¿Perdiendo las piernas?

El número de muertes oficiales por vacunas en la UE supera las 31.000 *(= 6% de la cifra real según una investigación independiente)* **- Senador canadiense pro-vacunas 'protegido' hasta la muerte.**

El número de víctimas registradas oficialmente en la UE como consecuencia de las "vacunas" Covid ha ascendido a 31.014 muertos y 2.890.600 personas con daños en la salud, de los cuales 1.355.192 son graves y/o permanentes (1). Y todo esto por la supuesta inyección contra un virus que ahora se ha reconocido abiertamente que no previene ni la "infección" ni el "contagio", y cuya última afirmación, a saber, que te protegería de enfermedades graves, ha sido sin duda totalmente desmentida en los últimos tiempos por numerosos datos reales confirmados por los médicos. Todo lo contrario, como pueden confirmar estas personas, a las que hubo que amputar las piernas porque sufrieron una trombosis por sus inyecciones de Covid.

Los principales medios de comunicación siguen mintiendo hasta la saciedad con sus "aislados" y "raros" efectos secundarios. Además, las estadísticas oficiales muestran exactamente lo contrario: las inyecciones de Covid ya están causando más muertes y enfermedades que todas las demás 70+ vacunas juntas en 30 años. Las más de 31.000 muertes y los 1,35 millones de europeos con daños graves (/ permanentes) a la salud, como enfermedades autoinmunes, discapacidades y ceguera/sordera, según estudios independientes, reflejan sólo el 6% de la cifra real (y en Estados Unidos sólo el 1%).

El ex campeón mundial de taekwondo pierde una pierna

La trombosis es uno de los efectos secundarios más comunes identificados, que puede causar daños enormes, a menudo irreversibles y mortales, en el transcurso de semanas, meses e incluso años. Tomemos como ejemplo a Dave Mears, antiguo campeón del mundo de taekwondo (1984). Apenas un mes después de que le inyectaran la "vacuna" de AstraZeneca, que por cierto le provocó inmediatamente una fiebre altísima y síntomas parecidos a los de la gripe, su pierna izquierda "explotó" a causa de una infección muy grave.

Los médicos no tuvieron más remedio que amputarle la pierna por encima de la rodilla. Había sangre por todas partes", relató Mears. Fue horrible. Me operaron y me amputaron la pierna. Perdí cinco unidades de sangre. Fue muy grave, y después de eso me puse muy mal'.

'Yo estaba sano'

La brasileña Cicera Santos, de 39 años, también perdió la pierna izquierda apenas una semana después de recibir la "vacuna" de Pfizer. Cuatro días después de su inyección, el 25 de agosto, sufrió una trombosis grave e irreparable. Estaba sana y nunca había tenido problemas de circulación", dijo la madre de dos niños pequeños.

Perdió dos piernas y una mano y media

A principios de este año, Jummai Nache, una asistente médica de 47 años de edad, fue noticia. Se inyectó Pfizer por segunda vez el 1 de febrero, e inmediatamente experimentó dolor en el pecho. Para el 13 de febrero, todo su cuerpo estaba lleno de coágulos de sangre, lo que obligó a amputarle las dos piernas, la mano izquierda y parte de los dedos de la mano derecha para evitar que muriera.

Ha sido muy duro para mí", respondió su marido Philip. Pero no puedo imaginarme el horrible dolor mental, físico y emocional por el que está pasando mi mujer en estos momentos'.

La pareja nigeriana busca justicia, pero lo has adivinado: los CDC dicen que la relación con la vacuna "no puede probarse".

'Mi pierna se volvió blanca, azul y negra'

El trabajador de la construcción Goran, de 50 años, de Viena, experimentó un fuerte dolor en la pierna después de la primera inyección de AstraZeneca. También escupió sangre una o dos veces al día. Nunca he tenido tanto dolor en mi vida. Mi pierna estaba blanca, azul y negra".

Al cabo de unas tres semanas, su mujer llamó a una ambulancia. En una semana le operaron tres veces y le pusieron en coma artificial. Cuando se despertó le dijeron que le habían tenido que extirpar la parte inferior de la pierna derecha. Nunca olvidaré en toda mi vida el dolor que sentí al despertarme".

Pierna apagada, 'pero no dejes que eso te impida la toma'

Otra víctima de AstraZeneca de la que ya se ha hablado: el escocés Alex Mitchell, de 56 años. Apenas dos semanas después de su inyección, cayó al suelo en su casa a causa de los coágulos de sangre que tenía en las piernas y el bajo vientre. Su caso se hizo mundial porque nunca antes nadie con una trombosis tan grave había sobrevivido.

Mitchell también destacó porque seguía siendo positivo respecto a las "vacunas". No quisiera desanimar a la gente a vacunarse... Por lo que tengo entendido, es raro y sólo le ocurre a una o dos personas. En realidad, resultó ser sólo uno de los primeros de una enorme y creciente lista de víctimas.

El australiano Harold Molle también fue inyectado con AZ. Tres días después de su segunda inyección, experimentó "un dolor terrible", y le tuvieron que

extirpar parcialmente la pierna izquierda debido a los
coágulos de sangre. Ahora me pondrán una pierna
artificial y tendré que ir en silla de ruedas".

Al igual que Mitchell, se negó a rechazar la "vacuna".
Me salvó porque me dieron Covid en el hospital. Dijeron
que probablemente habría enfermado mucho si no me
hubieran puesto la vacuna'. En resumen: un clásico
ejemplo de alguien que todavía está en la fase de
negación, mentalmente desesperado por encontrar una
razón por la que le ha pasado esto.

20 años y sano: *amputación, hemorragia cerebral,
muerte*

La estudiante tailandesa Ketsiri Kongkaew, de 20 años y
anteriormente sana, es otro triste ejemplo. A ella
también le inyectaron AZ; también desarrolló
inmediatamente fiebre alta y síntomas de gripe;
también tuvieron que amputarle una pierna unas
semanas después porque sus venas estaban bloqueadas
por coágulos de sangre.

Al principio, parecía recuperarse de la operación y se le
administraron anticoagulantes. Estos le provocaron una
hemorragia cerebral dos meses después, de la que
murió unos días más tarde.

Conocido actor mexicano y senador estadounidense

El actor mexicano Juan Pablo Medina ('La Casa de las Flores'), muy conocido en su país, también tiene que ir por la vida con una pierna. (Posiblemente le dieron por accidente la verdadera 'vacuna' en lugar de un placebo reservado a los famosos). El 3 de agosto le amputaron la pierna a causa de una grave trombosis, de la que habría muerto.

El actor, de 44 años, cayó posteriormente en una profunda depresión. Según su mujer, sigue recuperándose y tiene previsto hacer una declaración pública cuando se sienta capaz de hacerlo.

La senadora de Rhode Island Jeanine Calkin también tuvo esta "mala suerte", o simplemente no era lo suficientemente importante o conocida. Poco después de su inyección de Covid-19, sufrió coágulos de sangre y tuvieron que retirarle la pierna derecha. A continuación, publicó una declaración artificiosa en la que afirmaba que "no hay ninguna razón para creer que los coágulos de sangre estuvieran relacionados con la vacuna Covid-19".

Un senador canadiense pro-vacunas 'protegido' hasta la muerte

Josée Forest-Niesing, una destacada senadora canadiense pro-vacunas, no perdió una pierna, pero sí la vida. La mujer, de 56 años, contrajo una enfermedad autoinmune en los pulmones. Tras su segunda inyección, enfermó y tuvo que ser hospitalizada. Un mes después se le permitió volver a casa, pero siguió empeorando. Una semana después, murió.

La oficina de Forest-Niesing emitió un comunicado en su nombre que, no obstante, reiteraba la "importancia" de la vacunación. Estaba convencida de que su lucha habría sido muy diferente si no hubiera tenido esta protección".

¿Protección' que te lleva a una enfermedad grave y a tu muerte?

No, gracias, prefiero estar sano y sin protección.

Si a otras personas les parece egoísta, bien, eres completamente libre de arriesgar tu propia vida y tu salud. Tu cuerpo, tu elección.

Pero también me gusta mantener la libre elección sobre mi propio cuerpo, y seguiré trabajando para que este derecho humano inalienable no se viole más de lo que ya está. Querer arrebatar este derecho a tanta gente es, en mi opinión, egoísta, incluso en grado superlativo.

¿Amenaza real o miedo perpetuo?

¿Seguramente la viruela había sido erradicada en 1980? Entonces, ¿por qué Estados Unidos compró recientemente millones de medicamentos contra la viruela?

¿O los informes sobre misteriosos frascos de viruela y medicamentos y vacunas adquiridos sólo pretenden mantener a la población en un estado de miedo constante?

El multimillonario eugenista Bill Gates anunció con una sonrisa el año pasado que "si la primera pandemia no le convenció" (para dejarse inyectar "vacunas" con manipulación genética), entonces la segunda lo hará. Hace unos meses, sugirió que la próxima pandemia podría ser con el virus de Marburgo, pero no mucho después, lo cambió por un regreso de la temida viruela. Según Natural News, la administración estadounidense de Biden está ahora preparada para atacar a toda la población mundial con esta arma biológica "Ángel de la Muerte". De hecho, en septiembre, el gobierno compró millones de dólares en medicamentos especiales contra la viruela.

Hace ya ocho años, el gobierno federal estaba almacenando grandes cantidades de vacunas contra la viruela. Ahora, de repente, han aparecido recientemente en los medios de comunicación informes peculiares sobre la "viruela". Un empleado de un laboratorio de Filadelfia -propiedad del gigante farmacéutico Merck- supuestamente se encontró con 15 frascos de medicamentos que contenían el virus de la viruela en algún lugar de un refrigerador.

Entonces, Bill Gates salió con la advertencia de que los "terroristas" (¿se estaba mirando en el espejo en ese momento?) están planeando liberar un arma biológica de viruela, y por lo tanto los gobiernos deben gastar miles de millones (en "vacunas", por supuesto) para prevenir "futuras pandemias".

La viruela habría sido erradicada en 1980. Entonces, ¿por qué el gobierno de Biden lanzó el medicamento TOPXX, desarrollado para tratar la viruela, por 112,5 millones de dólares en septiembre?

¿Qué pasa si un bioterrorista libera viruela en 10 aeropuertos?

El 7 de noviembre, las noticias informaron de que Bill Gates ha ordenado a Occidente que invierta decenas de miles de millones en los preparativos (lett. "Juegos de gérmenes") para la próxima p(l)andemia.

"¿Y si un bioterrorista libera viruela en 10 aeropuertos? Con esta pregunta durante la reciente entrevista de Policy Exchange, Gates está tratando descaradamente de infundir nuevos temores con el fin no sólo de extraer miles de millones adicionales para "vacunar" a toda la población mundial una y otra vez, sino también como un argumento adicional para entregar aún más poder a la ONU y al Grupo Especial de Pandemia de la OMS (y por lo tanto a él).

Estos "juegos de gérmenes" de los que habla Gates suenan a ejercicios de falsa bandera para desatar "gérmenes" (patógenos) en el mundo, y llegan en un momento en que sabemos que los globalistas, en sus mentes enfermas, consideran necesario acabar con una gran parte de la población mundial", concluye All News Pipeline.

Próxima pandemia: erradicada o un parche de vacuna en el brazo

Así que, después de que el "ejercicio" de pandemia Event201 (en octubre de 2019) con el brote de un coronavirus se hiciera realidad apenas 3 meses después, la próxima pandemia planeada -ya sea con viruela, con un virus de Marburgo modificado o con algún otro "asesino" (exista o no realmente)- podría "hacerse viral" pronto en todo el mundo.

¿O acaso los informes sobre misteriosos frascos de viruela y medicamentos y vacunas adquiridos sólo pretenden mantener a la población en un estado de miedo constante? Otra explicación igualmente plausible es que los gobiernos puedan señalar algún tipo de "virus de falsa bandera" una vez que millones de personas enfermen gravemente y/o mueran a causa de las inyecciones de Covid, un hecho extremadamente

29

aterrador pero previsto por numerosos expertos que ya
ha comenzado.

Los supervivientes de la plandemia que se avecina
deberían, si está en manos de Gates (y por tanto de la
OMS = el verdadero gobierno), ponerse todos un
"parche de vacunación" en el brazo, que bien podría ser
la culminación del predicho "signo de la Bestia", con el
que todos los vacunados se están integrando poco a
poco.

¿Enfermedades del corazón?

Se ha demostrado que los pacientes cardíacos "vacunados" tienen más del doble de riesgo de sufrir una peligrosa enfermedad cardíaca

-

El **científico médico británico más citado:** *"Cualquier médico o enfermera que aplique una sola inyección más de ARNm Covid después de hoy será eliminado del registro y arrestado a su debido tiempo"* - **"Ya no lo entiendo en absoluto. Todo se rompe".**

La American Heart Association (Asociación Americana del Corazón) ha publicado en su autorizada revista médica Circulation un resumen de los datos sobre los que el conocido médico científico británico y autor de best-sellers, el Dr. Vernon Coleman, durante muchos años hasta 2020 un médico británico célebre en los medios de comunicación y a menudo solicitado, concluye: "¡Por fin! Pruebas médicas de que el pinchazo de Covid es un "asesinato". Mientras tanto, los informes llegan a raudales desde el país y el extranjero sobre un gran número de enfermedades y muertes causadas por la vacuna. 'La gran muerte ha comenzado', leí en un post de Twitter hace unos días en respuesta a unas celdas heladas de funerarias y crematorios abarrotados de difuntos.

La Fundación del Corazón de EE.UU. ha constatado un "cambio drástico en la puntuación PULS" en la mayoría de los 566 pacientes monitorizados (de 28 a 97 años) como resultado de las inyecciones de Pfizer y Moderna. La puntuación PULS incluye varios indicadores, como la presencia de biomarcadores de proteínas (salud y enfermedad del corazón) y células T (células inmunitarias).

Se comprobó que todos los valores clave habían aumentado muy por encima de la norma. En consecuencia, el riesgo a 5 años de desarrollar un nuevo síndrome coronario agudo aumentó del 11% al 25%, es decir, se duplicó. En el momento del estudio, los cambios preocupantes parecían continuar durante al menos 2,5 meses después de la última inyección.

Conclusión: aumento dramático del riesgo de enfermedades cardíacas graves

Llegamos a la conclusión de que el ARNm vacs aumenta drásticamente la inflamación del endotelio y la infiltración de células T en el músculo cardíaco, y puede explicar también la trombosis y la cardiomiopatía (enfermedad del músculo cardíaco) observadas", concluye la Fundación del Corazón.

'Este es el momento en el que el experimento del pinchazo experimental de Covid debe detenerse', concluye el Dr. Vernon Coleman. 'Hoy. Creo que cualquier médico o enfermera que dé un pinchazo más de ARNm de Covid después de hoy será eliminado del registro y arrestado.'

La revista Circulation tiene 71 años y es una publicación muy respetada. Sus artículos son revisados por pares, y en un estudio se la calificó como la principal revista del mundo sobre el corazón y el sistema cardiovascular.'

'Esta es la llamada final de las inyecciones de Covid'

Coleman califica la conclusión de la Fundación del Corazón como "el toque de difuntos para las inyecciones de ARNm Covid-19". El endotelio es una capa celular que rodea los vasos sanguíneos y las células linfáticas. Las células T son un tipo de glóbulos blancos. Siempre hemos sabido que estos pinchazos son experimentales. En mi video de diciembre de 2020, advertí sobre estos riesgos particulares... Pero ahora tenemos pruebas de ellos".

'Recordemos que se sabe que el pinchazo de ARNm no evita que la gente se contagie del Covid, ni que lo propague. No creo que nadie contradiga ya estos hechos. Al mismo tiempo, ha habido un enorme número de muertes y lesiones graves entre las personas que se han inyectado, basta con mirar mi artículo 'Actualizado: ¿a cuántos están matando las vacunas?'

Ahora tenemos pruebas para detener los programas de vacunación. Inmediatamente, al menos hasta que se realicen más pruebas a largo plazo. Si quedaran periodistas en los medios de comunicación convencionales, esta sería la noticia principal en todos

los programas de televisión y radio, y en las portadas de
todos los periódicos.'

**'Si los pinchazos continúan ahora sabemos con
seguridad que se trata de un adelgazamiento'**

'Llevo un año diciendo que este pinchazo es un
experimento que seguramente matará y lesionará a
personas. También hemos sabido siempre que
experimentar con personas sin su pleno consentimiento
y conocimiento, es decir, revelándoles todos los riesgos
y posibles efectos secundarios, es un delito*.' (* Según
todas las convenciones de derechos humanos
existentes. Ha ocurrido y sigue ocurriendo exactamente
lo contrario. Se sigue difundiendo la mentira de que
estas inyecciones son "seguras", y esto mientras
oficialmente ya se han producido unas 30.000 muertes
por la vacuna Covid en la UE, y 1,3 millones de europeos
han sufrido daños graves/permanentes en su salud).

Si el experimento Covid continúa después de hoy,
estaremos absolutamente seguros de que no se trata de
un tratamiento médico, sino de una matanza selectiva"
(término utilizado para adelgazar un rebaño de
animales. Así que también se podría escribir "asesinato
en masa", "genocidio", "despoblación" o "ataque
terrorista biomédico").

A nivel mundial, la matanza de vacunas predicha por
numerosos científicos y otros expertos ignorados por
los gobiernos parece estar cobrando fuerza. Una

publicación en Twitter coincide con varias recibidas de nuestros contactos que confirman que las empresas funerarias y los crematorios de Occidente tienen actualmente una ocupación sin precedentes y las cámaras frigoríficas están abarrotadas en algunos casos, lo que provoca largas esperas (y altos costes).

Incomprensible: todo se rompe".

Incomprensible", escribe el profesor de Inmunología Experimental Pierre Capel bajo su columna de vídeo. Detrás de él, una imagen reveladora de un barco partido en dos. Ya no entiendo nada de esto", suspira. Todo el mundo se ha vacunado ya, sólo unos cuantos 'pringados' aún no. Pero, ¿qué vemos? Mañana volveremos a tener el uno y medio. Todos los idiotas vuelven a hacer de las suyas. Todo se va a romper, pero no hay, no hay terreno para eso'.

Señala una cita de Albert Einstein: Definición de locura: seguir haciendo lo mismo una y otra vez y esperar un resultado diferente. Todo el mundo se ha pinchado ahora, y si realmente sabes lo que hace esta supuesta vacuna, es terrible. Por eso es mucho más difícil ahora que el año pasado'.

La próxima temporada, en febrero o marzo, el oso se vuelve realmente salvaje". Luego muestra un vídeo del respetado patólogo Dr. Ryan Cole, que 'sabe de lo que habla. Yo también lo sé, y muchos otros también'.

Cole: "En el laboratorio vemos en las personas vacunadas una cantidad preocupante de células T asesinas esenciales suprimidas, que tanto se necesitan. Casi como un VIH inverso. Las personas con VIH pierden sus células CD4 ("ayudantes"), pero después de la vacunación vemos una disminución en el número de células T asesinas, sus células CD8. ¿Qué hacen éstas? Mantienen a raya a todos los demás virus".

'Estas inyecciones debilitan literalmente el sistema inmunitario'

En el laboratorio veo un aumento de diferentes virus del herpes. Veo herpes, herpes zóster, enfermedad de Pfeiffer, un enorme aumento del virus del papiloma humano en las biopsias y frotis cervicales. En los niños vemos verrugas de agua (molusco contagioso). Se necesitan células CD-8 para controlarlas. Veo 20 veces más casos de verrugas de agua en personas de 50 años. Esas verrugas son inofensivas, pero me dicen algo sobre el sistema inmunitario de quienes se han vacunado".

Estamos debilitando literalmente el sistema inmunitario de estas personas. Lo más preocupante es el patrón de las células inmunes en el cuerpo que mantienen el cáncer a raya. Desde el 1 de enero de 2021, veo hasta 20 veces más casos de cáncer de útero que en un año medio. VEINTE veces más, no exagero en absoluto. En comparación con las cifras de años anteriores, nunca he visto tantos casos de cáncer de útero".

Veo pacientes jóvenes con melanomas invasivos.
Normalmente los detectamos rápidamente y aún son
delgados, pero veo un fuerte aumento del número de
melanomas gruesos en los últimos dos meses. Veo los
primeros signos en la pared. Estamos modificando su
sistema inmunológico hasta debilitarlo. Un gran estudio
alemán de jóvenes vacunados con Pfizer lo demuestra.
No sabemos por cuánto tiempo. Tal vez el sistema
inmunológico se recupere*. Pero, ¿quién está
investigando eso, y qué pasa con las pruebas a largo
plazo? ¿Cuánto tiempo durará esto? Dos meses, cuatro
meses... no lo sabemos".

(* En una videocolumna anterior, Pierre Capel demostró
que las inyecciones provocan un gran número de
cambios genéticos. Las posibilidades de que el sistema
inmunitario y el organismo se recuperen
espontáneamente de ello son nulas).

No hay más espacio para el matiz

'Es incomprensible', repite por tanto Capel. 'Las
leucemias se reactivan. Las infecciones de hepatitis C se
reactivan. La gente tiene todo tipo de problemas, etc.
Pero 'todo es por la salud pública'...'

Intento hablar con matices y con calma de vez en
cuando, pero ya no puedo hacerlo". Luego, con su
manera característica, pero con un matiz claramente
amargo, concluye: 'Mañana, vuelve a estar a un metro y
medio de distancia - ayuda mucho....'

Se desarrolla un drama insondable

Las tiritas y los llamamientos a seguir siendo "positivos" suenan bien, pero ya no sirven de nada. El daño ya es demasiado grande, los crímenes contra la humanidad cometidos en nombre de la "salud pública" son demasiado atroces, y lo que todavía parece que se va a emprender contra nosotros será tan impactante que eclipsará por completo todas las tragedias anteriores de los últimos 100 años si la gente corriente no dice inmediatamente NO en masa.

El hecho es que estamos en 1940. El gobierno y la Cámara de Representantes han seguido insistiendo hasta el final en que no tenemos nada de qué preocuparnos. Ahora Rotterdam acaba de ser bombardeada, sólo que esta vez no por la Luftwaffe alemana, sino por nuestra propia fuerza aérea, por orden de nuestro propio gobierno. Y no sólo se lanzan nuevas "bombas" contra Rotterdam una y otra vez, sino contra todo el país.

En 2020-2021, no es una potencia extranjera la que nos ataca con la fuerza militar, sino nuestro propio gobierno y parlamento que se ha vuelto contra nosotros a través de una especie de golpe "legal" suave, y está implementando la agenda de "Gran Reset" / Agenda-2030 de vacunación climática de un pujante club de ricos y poderosos eugenistas de Big Pharma, Big Tech, Big Bank y Big Government.

Pueden seguir encontrando esto exagerado y simplemente enterrar la cabeza en la arena, pero eso no detendrá, en mi convicción personal, el insondable drama que se está desarrollando ahora ni lo hará una pizca menos malo - a menos que nuestros gobernantes logren encontrar un profundo remanente de conciencia, empatía y coraje en algún lugar dentro de ellos. ¿Nos atrevemos a contar con ello? ¿O tomamos medidas (¡no violentas!) para salvar algo de nuestro país, nuestra gente, nuestra salud y nuestro futuro, antes de que los gobiernos den el golpe final con puño de hierro?

El plan Omicron

Universidad de Columbia: *"Qué extraño, África (menos del 6% de inyectados) no tiene las vacunas ni los recursos como Europa y Estados Unidos, y sin embargo lo hace mejor*

Sudáfrica: *"Omicron es una tormenta en un vaso de agua; sólo casos muy, muy leves*

Una nueva ronda de propaganda de la muerte con una supuesta mutación de la corona ha comenzado para completar el golpe del 'Gran Reset' hacia una tiránica dictadura climática-vacuna de la Agenda-2030. A medida que más y más personas comienzan a ser conscientes de que están siendo engañadas y mentidas con la implacable propaganda de los medios de comunicación, y que en realidad su salud y seguridad no están en cuestión en absoluto, está claro que los poderes globalistas han comenzado a dar una serie de golpes de mazo que deberían hundirnos para siempre. La única pandemia real, la del miedo y el engaño, recibe desde hace unos días nuevo combustible con la supuesta mutación de Omicron. Pero, ¿hasta qué punto es creíble, ahora que resulta que Israel ya estaba realizando una simulación con ella dos semanas antes del "descubrimiento"?

Tanto Pfizer como los funcionarios israelíes reconocieron hace tiempo que el Estado judío es un gran laboratorio de pruebas. Por lo tanto, los israelíes deben ahora inyectarse la vacuna de refuerzo 4 si quieren que su pase de la vacuna siga siendo válido y no ser golpeados con las mismas medidas fascistas del Apartheid por las que los no vacunados han sido parcialmente condenados al ostracismo de la sociedad.

¿Pandemia "conquistada"?

Por cierto, el disparo 4 tampoco parece funcionar, y ya se habla del número 5. No obstante, el primer ministro Naftali Bennett afirmó que Israel ha logrado contener la variante Delta sin bloqueo, "y la pandemia puede ser superada".

¿Derrotado? El conocido periódico Jerusalem Post informó recientemente de que el 11 de noviembre el gobierno llevó a cabo un simulacro de brote de una supuesta nueva variante mortal, a la que se llamó "Omega" durante este ejercicio virtual. El periódico escribió literalmente sobre "la próxima ola de la pandemia". En resumen: ya se sabía en ese momento, ya se sabía, ya se planeaba.

El primer ministro Naftali Bennett habló de un "acontecimiento sin precedentes, no sólo a escala israelí, sino a escala mundial. Estamos llevando a cabo un ejercicio de 'juego de guerra' para prepararnos para una nueva variante que ni siquiera existe todavía'. Así que este "Ejercicio Omega" se llamó literalmente "juego de guerra". Fue un simulacro en el que no se desplegaron componentes físicos (como personal sanitario, personal militar, equipos, etc.), pero sí se practicaron 'hospitalizaciones masivas y cierres de escuelas'.

África "misteriosamente" no se ve afectada por Covid

Incluso la agencia de noticias AP escribió esta semana que en África está ocurriendo 'algo misterioso' por lo que los científicos se romperían la cabeza: 'África no tiene las vacunas y los recursos como en Europa y Estados Unidos para luchar contra el Covid-19, pero de alguna manera parece que lo están haciendo mejor', dijo el presidente de la rama de salud mundial de la Universidad de Columbia. De todas las predicciones catastrofistas de la OMS (Bill Gates) de que África se convertiría en un gran campo de batalla contra el Covid, nada se ha hecho realidad, sino todo lo contrario.

Por lo tanto, la nueva fase de la pandemia "tenía" que empezar en África, que tiene tanto la tasa de vacunación más baja (menos del 6%) como el menor número de víctimas. Esto socava la falsa narrativa de que las medidas extremas, como los cierres, los protectores bucales y el distanciamiento social, pueden utilizarse para "tener la corona bajo control".

Numerosos estudios científicos y de la vida real han demostrado claramente que estas medidas no tienen ningún efecto positivo, sino que son muy perjudiciales para la sociedad, la economía y la salud pública. Sin

embargo, estos estudios han sido y siguen siendo
ignorados.

Tormenta en un vaso de agua

En la propia África, la gente no está preocupada por
Omicron. La Dra. Angelique Coetzee, según el
sudafricano Jaap van Dissel, califica el pánico de
"tormenta en un vaso de agua", y afirma que hasta
ahora sólo se han detectado "casos muy, muy leves" de
la variante.

El ministro de Sanidad, Joe Phaala, también dijo que los
medios de comunicación están dando mucha más
importancia de la que realmente tiene. Incluso el
famoso megabanco del "calamar vampiro", Goldman
Sachs, piensa que es "poco probable que esta mutación
sea más maligna" y no ve ninguna razón para tomar
medidas.

Las esperadas tonterías de los medios de comunicación

Ya se ha publicado en Off-Guardian.org una "guía" de
todas las tonterías que los medios de comunicación y
los políticos occidentales intentarán vendernos en las
próximas semanas: Omicron muta mucho más rápido
que Delta, es extremadamente contagioso,
extremadamente peligroso, potencialmente muy
mortal, puede afectar también a las personas
vacunadas y hacer necesarias nuevas inyecciones

porque tanto la inmunidad natural como la de las "vacunas" se ven socavadas por esta mutación (de hecho, la inmunidad de los vacunados ya está dañada por las inyecciones de Covid).

Por cierto, la "guía" se olvida de señalar la propaganda más maliciosa que se seguirá vendiendo, a saber, que son los no vacunados los que están frenando la "redención" de la pandemia y las medidas estrictas, y por lo tanto deben ser expulsados permanentemente de la sociedad por completo "por el bien común".

No te preocupes, ¡tenemos nuevas píldoras experimentales!

Pero para el resto, no hay que preocuparse: Pfizer y Merck están trabajando en nuevas píldoras Covid que ya han sido anunciadas a bombo y platillo. Pfizer también ha dicho que una "vacuna" contra Omicron podría estar a 100 días de distancia.

¿El escenario previsible? Se declara una "emergencia" por la que se da "permiso de emergencia" a estas píldoras apenas probadas para ser dispensadas en masa. De hecho: al igual que ocurre con las actuales inyecciones de Covid. En otras palabras: se expone a la población a otro experimento médico. Posiblemente esto se hará ya en diciembre, con el pretexto de "salvar la Navidad".

'No quieres que los niños mueran, ¿verdad?'

Volviendo a Israel, que ahora está cerrado a los extranjeros: ¿cómo podían las autoridades saber de antemano que los niños serían "más vulnerables" a esta "variante aún desconocida"? Bueno, lo "sabían" porque querían tener un argumento en la mano para acabar inyectando a todos los niños de todas las edades. Mientras tanto, incluso en Israel, niños de tan sólo 5 años están siendo atacados con las armas biológicas de manipulación genética Covid-19.

Así que está esperando las primeras muertes de niños por la vacuna, que por supuesto serán ampliamente reportadas en los medios de comunicación israelíes y occidentales como víctimas de Covid / Omicron, y se utilizarán para persuadir a la gente a aceptar e incluso exigir un requisito de vacunación general. Primero fue "No quieres que tus abuelos mueran, ¿verdad? Ahora será "No quieres que los niños mueran, ¿verdad?

Es de suponer que muchos sucumbirán a esta falsa propaganda emo-terrorista, que aumentará el odio hacia los no vacunados hasta tal punto que está esperando que los primeros sean atacados físicamente, heridos y asesinados. Eso es lo que el gobierno está esperando, porque entonces se puede utilizar para colocar a los no vacunados en campos cerrados "para su propia protección".

Con ello, los campos de concentración serán un hecho también aquí.

Invierno oscuro

El año pasado no parecía haber un exceso de mortalidad, y ciertamente no era peor que una ola de gripe normal. Ahora el exceso de mortalidad es REAL, y la gente en todas partes (ahora incluyendo a los jóvenes y a los atletas de élite) está literalmente empezando a caerse DESPUÉS del inicio de la campaña de inyecciones.

Incluso Bill Gates admitió recientemente que las "vacunas" no han funcionado. Con el auge de la variante Omicron, se reconoce realmente que todas las medidas corona adoptadas para contener el "Covid", que estaban causando enormes daños a nuestra sociedad, han sido completamente inútiles. A pesar de ello, muchas de estas medidas se están reintroduciendo sin más, y es que desde el principio sólo había un objetivo: inyectar a todo el mundo, para bien o para mal, sin importar el coste.

Siempre que la gente no se despierte inmediatamente en masa y se rebele, podría convertirse en un "Invierno Oscuro" muy violento, ya que una vez más decenas de personas e incluso niños son sacrificados en el altar de los ídolos de la vacunación, y los que se niegan son demonizados como "herejes" en un número cada vez mayor, con la intención de acabar pronto con todos ellos.

¿Mutación de la vacuna?

Omicron la esperada excusa "tan necesaria" para las (nuevas) medidas - No te asustes y deja de ver la tele

La nueva variante de la corona Omicron (llamada "Nu" durante un día), que también ha aparecido en Australia, se ha detectado por primera vez en la Botsuana africana. El grupo de trabajo Covid-19 del Presidente de Botsuana confirma que los cuatro viajeros en los que se encontró "Omicron" estaban totalmente vacunados. Este es otro fuerte indicio de que el sistema inmunitario está sufriendo grandes daños a causa de las inyecciones de Covid, lo que convierte a los vacunados en superdifusores. Numerosos expertos científicos llevan mucho tiempo advirtiendo en vano de esta situación.

En los últimos meses se han registrado en todo el mundo numerosos casos de "avance" de Covid y de la variante Delta en los vacunados, dejando a la gran mayoría en hospitales y UCIs vacunados. Por lo tanto, los gobiernos que afirman que todavía habría una "pandemia de no vacunados", y/o que la "vacuna" protegería tan bien, están mintiendo descaradamente.

Máscaras contra el polvo y distanciamiento social, pero no Ivermectina

La variante Omicron (B.1.1.529) parece haber sido creada por el temido efecto ADE (Antibody Dependent Enchancement). En consecuencia, el grupo de trabajo de Botsuana escribe para dudar del efecto de las inyecciones actuales y, por lo tanto, sugiere "intervenciones no farmacéuticas" como (ahí vamos de nuevo) los protectores bucales (de probada ineficacia), el distanciamiento social (de probada ineficacia) y evitar los viajes innecesarios (prácticamente inútiles para los virus respiratorios que también se encuentran en la población animal).

La ivermectina, que permitió evitar la "crisis" en los países que la permitieron (como Japón) en un período de tiempo muy corto, por supuesto no debe ser mencionada, y mucho menos prescrita. Es de suponer que la OMS (/Bill Gates) y el FEM (Klaus Schwab) también manejan el cetro en Botsuana, al igual que en Occidente.

Una excusa muy necesaria para adoptar nuevas medidas

En resumen: los gobiernos tienen una nueva excusa para mantener y aplicar sus medidas social y económicamente perturbadoras, como se puso de manifiesto de nuevo anoche durante la -ya casi risible- "rueda de prensa" de los dirigentes del régimen, debido a la continua falta total de fundamentos.

Qué "conveniente" que de repente tuvieran un argumento para mostrar su "responsabilidad" al no permitir el desembarco en el aeropuerto de Schiphol de los pasajeros de un avión procedente de Sudáfrica, donde también habría estallado Omicron. Si la salud pública estuviera realmente en juego, la sustancia estrictamente prohibida con la letra 'I' habría sido recetada hace meses.

Lo que está ocurriendo ahora con 'Omicron' no sorprenderá en absoluto a nuestros lectores, ya que llevamos escribiendo desde el año pasado que este sería el escenario con el que los gobiernos intentarían mantener a países y poblaciones enteras en un constante estado de miedo. En el ya aplastado Israel (la vacuna de refuerzo número 4, tampoco funciona, así que la número 5 está en camino) parece que se va a declarar el 'estado de emergencia' después de que se descubriera que un viajero totalmente vacunado de Malawi estaba 'infectado' con Omicron. Pero incluso esta 'infección' se determinó con la prueba PCR totalmente desacreditada para el propósito.

Las rápidas mutaciones hacen que la "vacuna" sea inútil de todos modos

El complejo criminal farmacéutico Pfizer ha anunciado que una "vacuna" puede tardar 100 días en desarrollarse. Pues bien, un virus que muta rápidamente -las mutaciones son normales para un virus respiratorio, por cierto- hace inútil de antemano cualquier posible "vacuna". Las inyecciones de Covid tampoco pudieron funcionar, porque se pincharon para la producción de la proteína del pico de Wuhan, que ya no existía ni siquiera en el momento de la primera inyección.

Por el contrario, el hecho de que el (supuesto) virus mute a la velocidad del rayo debería presentarse como algo bueno, porque significa que no es o apenas es peligroso. De hecho, hasta 2020 era un hecho científico general que los virus respiratorios que mutan rápidamente no se vuelven más peligrosos, sino siempre más inofensivos. Así que si, a pesar de esto, se siguen atribuyendo muchas enfermedades y muertes a Omicron, entonces a estas alturas ya se sabe cuál es la verdadera causa.

Pero si te gusta "llevarte bien" y "socializar", ya sabes dónde hacer cola para unirte al mismo grupo de riesgo. Aunque, ¿cola? Parece muy probable que el entusiasmo por conseguir la jeringuilla no haya sido muy grande desde hace tiempo, lo que presumiblemente es LA razón por la que Omicron ha entrado en escena. Impfung muss sein.

No tengas miedo y deja de ver la televisión

La aparición de "Omicron" no excluye en absoluto la posibilidad de que la próxima pandemia con el virus de Marburgo o de la viruela, anunciada por Bill Gates, no se desate también sobre el mundo. Ya sea real o de falsa bandera, ya que esta variante de Omicron también se parece mucho a un "brote de virus" de falsa bandera, destinado principalmente a encubrir el ya enorme número de víctimas de las inyecciones de Covid.

Confía en tu propio sistema inmunológico (y si es necesario, fortalécelo con suplementos naturales como la vitamina D3), y sobre todo, NO TE ASUSTES.

Deja de ver la televisión.

Vienen las demandas.

Los fiscales señalan los delitos anteriores de Gates con las vacunas contra el VPH y la polio - *'Gates también es culpable de engaño y asesinato en masa'*

El Colegio de Abogados de la India informa de que se han presentado cargos de asesinato contra Bill Gates en el Tribunal Supremo. La demanda: nada menos que la pena de muerte. Además de Gates, el multimillonario indio Adar Poonawalla también es responsable de la muerte de un joven de 23 años, que falleció tras ser inyectado con la "vacuna" Covid de AstraZeneca.

Poonawalla es director general del Instituto de Suero de la India (SII), que, según él, es el mayor fabricante de vacunas del mundo. Además de Covishield, SII produce el 50% de todas las "vacunas" mundiales que se inyectan a los bebés.

La demanda también responsabiliza a varios funcionarios y dirigentes del gobierno por la muerte del joven de 23 años, que "tomó la vacuna Covishield, creyendo la falsa narrativa de que la vacuna es completamente segura, y para cumplir también con el requisito del ferrocarril de que sólo se permita viajar a las personas doblemente vacunadas".

Requisito: las personas deben ser informadas de antemano de los efectos secundarios

El artículo también afirma que el comité AEFI (Adverse Event Following Immunisation) ha reconocido recientemente que la muerte del Dr. Snehal Lunawat, de 33 años, se debió a los efectos secundarios (coágulos de sangre) de la "vacuna" Covishield.

Como probablemente cientos de miles de otros asesinados con la inyección de Covid.

También se exige que, a partir de ahora, todo el mundo sea informado con antelación de los efectos secundarios de la "vacuna", y al mismo tiempo de los medios y tratamientos alternativos existentes (como la ivermectina, que permitió que el estado indio de Uttar Pradesh, con 241 millones de habitantes, fuera declarado libre de Covid en muy poco tiempo).

"Culpable de asesinato en masa, por lo tanto, pena de muerte

'Si se vacuna a una persona ocultando los hechos, o diciendo la mentira de que las vacunas son completamente seguras, el consentimiento se obtiene mediante engaño. En la India, la vacunación bajo engaño o por coacción u obligación, mediante la imposición de determinadas condiciones restrictivas, es un delito civil y penal.'

Gates y Poonawalla, socios de AstraZeneca y de la producción de Covishield, están por tanto acusados de participar en una conspiración. En la India, la comercialización falsa de un producto, incluida la omisión de los efectos secundarios probados y otros peligros, es punible, lo que convierte a ambos multimillonarios en culpables de asesinato en masa, según los fiscales. Incluso habría suficientes pruebas judiciales para condenar a ambos hombres a la pena de muerte.

Delitos anteriores con las vacunas contra el VPH y la poliomielitis

En este contexto, se hace referencia a un caso anterior contra Bill Gates por el asesinato de 8 niñas durante las pruebas de la "vacuna" contra el VPH Gardasil. En 2018, la rama constitucional del Tribunal Supremo declaró a Gates culpable del caso de Kalpana Mehta, lo que supone "una poderosa prueba contra Bill Gates y su sindicato de vacunas".

También cita el "siniestro" programa de vacunas contra la polio patrocinado por Gates, que provocó que unos 450.000 niños de la India sufrieran un nuevo tipo de parálisis. 'Esto también es una prueba adicional de la mentalidad depravada y criminal de Bill Gates'. Por cierto, en 2018, la OMS reconoció a regañadientes que el 70% de los casos de polio en el mundo son causados por la vacuna.

El artículo afirma que a Bill Gates no se le permite pagar su deuda (lett. no se le permitiría obtener una fianza, pero por supuesto no está atrapado allí), y que todos sus activos en la India serán pronto confiscados. La ley, según los fiscales, permitiría que Gates y Poonawalla fueran detenidos por los ciudadanos y entregados a la policía.

Juego libre en la tierra, pero sólo temporalmente

Bill Gates, sobre todo a través de la OMS, ha comprado prácticamente a todos los gobiernos en su poder, especialmente en Occidente. La posibilidad de que alguna vez tenga que comparecer ante un tribunal terrenal por graves crímenes contra la humanidad es, por tanto, nula. Lo mismo ocurre con todos los demás multimillonarios y miembros del sindicato del crimen global de los globalistas climáticos-vacunas, que ahora están ejecutando su última toma de poder del 'Gran Reset' / Agenda-2030.

En caso de que no creas en un ajuste de cuentas final después de esta vida, tal vez puedas consolarte con la historia: este tipo de no-personas empáticas e intensamente malvadas siempre acaban destruyéndose entre sí y a sí mismas, y lo hacen porque la codicia, el ansia de poder, el miedo, el odio, el engaño y la mentira son los únicos motivos y métodos que conocen y utilizan para aferrarse a su poder y riqueza temporales.

Temporal, porque si estos señores (y señoras) realmente creen que pronto podrán cargar su conciencia o "alma" en un ordenador y así vivir para siempre, entonces no sólo han fracasado

completamente en la comprensión de la vida, sino que
en mi opinión también se llevarán una sorpresa
extremadamente desagradable. Esto no es más que un
frío consuelo para sus muchas víctimas, pero aún así.

¿La ironía?

También en otros lugares los jabbers que difunden el odio contra los no vacunados ahora son víctimas ellos mismos - **Un hombre de 56 años en California muere 10 semanas después de la inyección de ARNm Moderna, advirtió a todos:** *'Sólo tómalo si quieres sufrir y morir'*

El Dr. Sohrab Lutchmedial, un cardiólogo canadiense de 52 años que en los últimos meses denunció en las redes sociales a las personas no vacunadas como "egoístas" y les deseó indirectamente la muerte escribiendo que "no llorará en su funeral", ha muerto ahora él mismo, dos semanas después de su inyección de refuerzo de ARNm (Pfizer o Moderna). Un hombre de 56 años de California también fue víctima de la misma inyección, pero pasó las 10 semanas que aún estaba vivo dándole sentido al advertir a todo el mundo sobre estos disparos mortales en cámara lenta: "Sólo tómalo si quieres sufrir y morir".

Las personas no vacunadas que se oponen a estas inyecciones de Covid estarían difundiendo una "desinformación peligrosa", según el Dr. Lutchmedial, escribió varias veces en su Facebook. Al fin y al cabo, como cirujano del New Brunswick Heart Center, donde formó parte del equipo que realizó la primera operación a corazón abierto con MitraClip, se había "vacunado" en enero, y seguía vivo. El 15 de agosto, seguía defendiendo que las inyecciones se llamaran "pistolas de anticuerpos", y esto cuando ahora se ha demostrado científicamente que las inyecciones de Covid en realidad degradan gravemente y destruyen progresivamente el sistema inmunitario humano.

Pero, a coro con los políticos y los principales medios de comunicación, ignoró el inimaginable número de víctimas de la vacuna oficial, y promovió la inyección de niños de 12 años con la falsa afirmación de que sería "indiscutiblemente segura". El 9 de octubre, escribió airadamente que quería "golpear en la cara a los no vacunados". Luego, el 24 de octubre, se arremangó con confianza para recibir su tercera inyección, la de refuerzo. El 8 de noviembre, apenas dos semanas después, murió repentinamente mientras dormía.

'¡Qué egoístas, los no vacunados!' *(Pero ahora yo también estoy muerto)*

Otro pro-vaxxer obsesionado también ha muerto después de su inyección. El residente de California Greg Block tenía mucho que decir sobre las personas no vacunadas en los últimos meses. El 16 de marzo, mostró con orgullo su certificado de vacunación del CDC/Pfizer, y luego recibió su segunda inyección el 6 de abril. En las redes sociales, menospreció a los opositores a la vacunación como "un pequeño grupo que cree que está siendo reprimido. Se están asegurando de que el resto del país no pueda volver a la normalidad. Tan peligrosos. Tan egoístas. Tan poco americano".

En el caso de este hombre, también, las inyecciones parecen haber hecho algo a su sentido común y pensamiento lógico, porque parecía pensar que era perfectamente normal que SU "medicina" no funcionara (adecuadamente) si OTROS no la tomaban también. (Tu vecina tiene dolor de cabeza y te llama exigiéndote que también te tomes un paracetamol, pues de lo contrario su dolor de cabeza no se irá. - La diferencia es que el paracetamol ha demostrado que funciona en casi todos los casos, y ahora incluso Bill Gates ha admitido que las inyecciones de ARNm Covid NO funcionan como se pretende, y no ofrecen ninguna protección.

Block incluso llegó a decir que pensaba que había que quitarles los niños a sus padres no vacunados. El 21 de agosto, proclamó el engañoso mantra comunista-fascista "sólo juntos" de que todos deberían ser inyectados obligatoriamente "por el bien común".

El 7 de noviembre, sus contactos en las redes sociales escribieron que Greg Block había muerto. Otro hombre sano, de mediana edad, que de repente cayó muerto poco después de ser "vacunado".

Qué genio", escribe el presentador de radio estadounidense Hal Turner como comentario. No sólo no escuchó las advertencias sobre esta terapia genética experimental de Covid disfrazada de 'vacunas', sino que la impuso a los demás. A los que piensan que estas cosas son peligrosas los menospreció, e incluso abogó

por quitarles los niños a los que no estaban vacunados.
Y ahora ÉL está... muerto".

'No lo tomes si no estás dispuesto a sufrir y morir'

En el mismo estado, el técnico y empresario Michael
Granata, de 56 años, falleció recientemente, apenas 10
semanas después de su inyección de Moderna. El 17 de
agosto recibió su primera inyección. Tres días más tarde
enfermó y desarrolló el síndrome autoinmune MIS-A
(que, según los medios de comunicación, sólo se podía
contraer después de Covid) y sus órganos empezaron a
fallar. En dos semanas, todos sus músculos se
desintegraron.

Poco antes de su muerte, el 1 de noviembre, Granata
escribió: "Estuve en la UCI durante unas semanas y a
veces me clavaban una aguja 24 veces al día. También
me pusieron 6 o 7 intravenosas (simultáneamente). Fue
una tortura constante para la que no tengo palabras. Ya
no me trataban como un ser humano con sentimientos
y una vida".

No fui más que un conejillo de indias humano para la
vacuna Covid, y los médicos participaron gustosamente
en mi fascinante proceso de muerte. Si nunca me
hubiera vacunado. Si no te vacunas, no lo hagas a
menos que estés dispuesto a sufrir y morir'.

**El popular médico británico da una plataforma a las
víctimas del pinchazo**

El doctor británico John Campbell tiene 1,3 millones de suscriptores en YouTube. Aunque Campbell está a favor de las vacunas, al mismo tiempo destaca las consecuencias de las actuales inyecciones de Covid, "porque son sustancias diferentes a las vacunas que usábamos antes". Por ejemplo, ayer habló con Nikk, una mujer de 50 años de edad, previamente en forma y con un sistema inmunológico algo debilitado, que fue "vacunada" (AstraZeneca) en febrero, y literalmente se puso inmediatamente muy enferma y vomitó. La propia inyección le provocó todos los síntomas asociados al Covid.

En los días siguientes también desarrolló fuertes dolores de cabeza y empezó a perder sus funciones motoras. Sus ojos también se deterioraron considerablemente, por lo que ahora tiene que llevar gafas (un optometrista reconoció que la inyección de Covid afectó a sus músculos oculares). Sin embargo, los médicos e inmunólogos no quieren saber nada de sus problemas (después de todo, la inyección de Covid es sagrada e intocable, las víctimas no deberían existir).

Nikk: *'Me siento inseguro ahora que tenemos que conseguir una vacuna de refuerzo, y luego otra, y otra... Intento ser positiva, pero me encuentro en un agujero oscuro cada día. Es muy duro, sobre todo cuando el sistema sanitario te ha defraudado'.*

Un día antes, el Dr. Campbell habló con el atleta profesional estadounidense Kyle, que empezó a no sentirse bien unas semanas después de su segunda inyección de Pfizer en junio y ahora no puede practicar su deporte.

Kyle adquirió notoriedad por su testimonio ante un comité de expertos del Senado para revisar el requisito federal de vacunación y los daños causados por la vacuna.

Inicie los fuegos

Gobierno de Australia, si entonces necesariamente quiere imponer una tiranía fascista a su pueblo, al menos sea honesto al respecto.

¿Quién se atreve todavía a NO hacer la comparación con la Segunda Guerra Mundial / el Holocausto? - El *movimiento australiano por la libertad envía un SOS desesperado al mundo: "Ayudadnos, nuestro país está perdido*

Se anunció el año pasado, y ahora es un hecho consumado: los primeros australianos han sido trasladados a la fuerza a un campo de concentración bajo el pretexto de una "amenaza extrema para la salud pública" después de que se detectaran 19 presuntas "infecciones" por Covid en la ciudad de Binjari. El movimiento por la libertad "Reignite Democracy Australia" envió recientemente un SOS desesperado al mundo porque "nuestro país está perdido". ¿Pero quién va a salvar a los australianos de esta tiranía fascista inhumana? Esto está llegando a Europa también, y están haciendo todo lo posible para hacerlo también en América del Norte", advirtió recientemente el economista estadounidense Martin Armstrong. Usted todavía está pensando: pero no aquí, ¿verdad?

Piénsalo bien: La OMS/Bill Gates y el FEM/Klaus Schwab tienen en sus manos a los gobiernos de Australia y de la UE.

Los residentes de las aldeas de Binjari y Rockhole (220 y
130 habitantes respectivamente) ya habían sido
sometidos a un estricto encierro, en el que sólo se les
permitía salir de casa para hacer las compras
necesarias, recibir atención médica, hacer dos horas de
ejercicio, trabajar y recibir educación (si no se podía
hacer desde casa).

Estas 5 excepciones han sido derogadas, con la
excepción de los tratamientos médicos de urgencia.
Además, todo el mundo debe "vacunarse" lo antes
posible. El gobierno de la UE justificó las medidas
autoritarias con la dura mentira de que "el peligro para
las vidas es extremo".

**Así que no es una teoría de la conspiración después de
todo".**

38 "contactos" de las 19 personas "infectadas" fueron
localizados y también trasladados en camiones del
ejército al campo de concentración de Howard Springs
(la imagen no se puede publicar debido a los derechos
de autor). Este tiene un total de 3000 plazas,
oficialmente para 'extranjeros' y 'viajeros nacionales'.
Tweets de Bernie: 'Así que no era una teoría de la
conspiración después de todo'.

¿Quién no se atrevería a hacer la comparación con la
Segunda Guerra Mundial y el Holocausto? Justin Hart:

"Los líderes de Australia son estúpidos y autoritarios, una muy mala combinación".

Algunos comentaristas afirman que se está produciendo una "limpieza étnica". De hecho, en los Territorios del Norte vive un gran porcentaje de indígenas australianos, de los cuales se dice que 1 de cada 5 vive en viviendas superpobladas. Las autoridades dicen que esto habría contribuido al "brote" de Covid-19.

"Sálvanos, nuestra tierra está perdida

Australia ya no puede luchar por sí misma", dijo Monica Smit, señalando el hecho de que a los manifestantes se les dispara por la espalda, se detiene a la gente por criticar al gobierno en las redes sociales y se les despide si no se inyectan, e incluso los niños se suicidan ahora en números alarmantes. Ahora somos un país de división, coerción y Apartheid médico... Nuestros derechos humanos han desaparecido, han desaparecido".

Nos han silenciado. Nos han atacado, chantajeado y dañado psicológicamente. Hemos intentado librar esta batalla solos, pero el gobierno nos ha infundido tanto miedo que hemos perdido la fuerza para luchar'.

Somos una nación rota, y aunque nunca nos rendiremos, necesitamos su ayuda para continuar nuestra lucha. Necesitamos la ayuda de nuestros amigos internacionales. Os pedimos vuestro apoyo para

65

presionar política y económicamente a nuestros dirigentes para que cambien el rumbo destructivo que llevamos. Por eso estamos organizando una protesta mundial, con Australia excluida, en apoyo de nuestra lucha por la libertad. Este es un SOS oficial para mi hermoso país. Les rogamos que escuchen nuestro grito de ayuda".

Sin embargo, "nuestros amigos internacionales" han sido tomados por el mismo club de globalistas comunistas-tecnocráticos. Lo sentimos, australianos, pero nos enfrentamos a la imposición de la misma dictadura tiránica, aunque todavía no la hayan llevado tan lejos como ustedes. (Es una estrategia deliberada de "divide y vencerás". Mucha gente incluso responde ahora con el argumento de la "cabeza en la arena": "¡Oh, pero eso no está con nosotros, eso no nos llega, ya sabes! Porque el gobierno lo prometió!' (Al igual que prometieron que nunca habría un pasaporte vacunal, que las vacunas nunca serían "obligadas", etc.)

'Esto también está llegando a Europa, y están haciendo todo lo posible para hacerlo también en Norteamérica', advirtió hace unos días el economista estadounidense Martin Armstrong. Con sólo 5 millones de (supuestas) muertes por Covid en todo el mundo de una población de 7.800 millones, ¡este es el Nuevo Orden Mundial acabando con la democracia!

¿Quién nos librará de estos enemigos de la humanidad?

En la Segunda Guerra Mundial, los estadounidenses, británicos, canadienses y australianos vinieron a liberarnos de los nazis. Ahora necesitamos una nueva liberación de un tipo diferente de ocupación.

Ahora tenemos que liberarnos de la OMS/Bill Gates, del FEM/Klaus Schwab, de George Soros (= "presidente en la sombra" europeo de facto), de todos sus ejecutivos políticos serviles, del complejo de la Gran Farmacia y de los Grandes Bancos, y ciertamente de sus todopoderosos directores entre bastidores, especialmente de las notorias familias Rothschild y Rockefeller y, justo debajo de ellas, de algunos de los más conocidos miembros de la realeza europea y oriental.

Este club de elitistas, comparativamente pequeño, se está despojando de todas las máscaras de "humanidad" y "democracia" a un ritmo cada vez mayor, y en realidad se está mostrando como un virulento enemigo de la humanidad.

Aborrezco cualquier forma de violencia, pero aparte de una intervención sobrenatural / divina esperada y deseada por muchos, cabe preguntarse qué país o países tienen suficiente poder (militar) y voluntad política para librar al mundo de estos monstruos y sus instituciones.

¿Destrucción total?

No en vano, la nueva píldora anti-Covid de Pfizer contiene una cura para el VIH - Los **datos oficiales del Reino Unido son implacables:** *La avalancha de enfermos vacunados, los no vacunados están mucho mejor*

Ya se habían aportado numerosas pruebas científicas al respecto, pero ahora los datos de la Agencia de Seguridad Sanitaria del Reino Unido también indican que los peores temores de los expertos independientes empiezan a hacerse realidad, a saber, que las inyecciones de manipulación genética Covid están destruyendo gradualmente el sistema inmunitario humano. Desde los años 80, existe un acrónimo muy temido para este síndrome: SIDA. A medida que los hospitales se llenan de personas vacunadas, parece inevitable una catástrofe sanitaria mundial sin precedentes con un número inimaginable de muertes, sobre todo si los vacunados pronto tendrán que arremangarse también para las vacunas de refuerzo.

La Agencia de Seguridad Sanitaria del Reino Unido (UKHSA) sustituye a la antigua Public Health England (PHE). El ex ministro de Sanidad, Matt Hancock, declaró que la adición igualmente siniestra e irónica de "seguridad" era necesaria para "proteger al público de los enemigos externos de la salud de este país". Siniestro, porque consagra definitivamente a Covid y a los virus en el "lenguaje de la guerra", del que se viene abusando desde el año pasado para recortar más y más libertades. Siniestro, porque el verdadero enemigo viene de dentro: el gobierno y sus "vacunas" obligatorias.

También en Gran Bretaña la mayoría de los muertos de Covid están vacunados

Las estadísticas oficiales de PHE ya mostraban que desde junio de 2021 la mayoría de los fallecidos de Covid-19 estaban totalmente vacunados, y que este porcentaje no hace más que aumentar. Para disimularlo, la UKHSA publica ahora solo los informes cuatrisemanales de "vigilancia de vacunas", en lugar de la gran revisión que se remonta a febrero de 2021.

Es entonces cuando surgiría una aterradora tendencia a largo plazo de la llamada "eficacia" y "seguridad" de las inyecciones de Covid. De hecho, los analistas de The Exposé recopilan y estudian todos los informes oficiales, y pueden sacar las siguientes conclusiones contundentes basadas en las cifras y estadísticas. En agosto, la eficacia de las inyecciones todavía parecía positiva para algunos grupos (+66% para el grupo de menores de 18 años, que aumentó al 78% en septiembre, y ligeramente positiva para los de 20 a 39 años y los mayores de 80), pero ya era significativamente negativa para los de 60 a 69 años, por ejemplo (-47%).

Después, las cosas fueron de mal en peor. Las personas de 40 a 49 años fueron las más afectadas, con una eficacia real del -109% y poco después del -126%. Una cifra negativa superior al 100% indica no sólo que las inyecciones fracasaron por completo, sino también que el sistema inmunitario natural de los receptores resultó realmente dañado, en lugar de reforzado.

Preocupantemente, los grupos de edad de 50-59 y 60-69 también se hundieron más en territorio negativo (-116% y -120% respectivamente). En el caso de los mayores de 80 años, la efectividad subió del -22% al -9%, pero así se mantuvo en el signo negativo. Mientras tanto, todos los mayores de 30 años se enfrentan a una eficacia cada vez más baja. Incluso para los de 18 a 29 años, el elevado plus del 51% en las semanas 33-36 descendió a un escaso 13% en las semanas 41-44.

Efecto negativo para TODOS los jabalíes mayores de 18 años a finales de este año

Si esta tendencia continúa -y por ahora no hay nada que sugiera que vaya a detenerse o a disminuir-, a finales de este año las inyecciones de Covid tendrán un efecto NEGATIVO para TODOS los mayores de 18 años, y habrá descendido aún más hasta el +38% para los menores. Todos los que tengan entre 40 y 79 años caerán entonces por debajo del -100%, dejando a todos los vacunados de esas edades con un sistema inmunológico comprometido. (Especialmente para las personas de 40-

49 años, con un -180%, las cosas se ven extremadamente sombrías).

¿Qué significa esto para el número de casos de Covid-19? Entre las personas no vacunadas, este número descendió bruscamente entre las semanas 33 y 40 (de 101.867 a 60.479), seguido de un aumento moderado hasta 79.516. En el caso de las personas vacunadas, las cifras son mucho peores: en primer lugar, no hubo un descenso sustancial en el mismo periodo (de 288.470 a 287.527), pero a continuación se produjo un aumento explosivo hasta 450.186.

En otras palabras, incluso las cifras oficiales británicas muestran inexorablemente que son precisamente los vacunados los que se han vuelto mucho más vulnerables y están enfermando en masa, y NO los no vacunados, como siguen afirmando los políticos y los medios de comunicación. Los cálculos muestran además que habrá al menos varios cientos de miles más de enfermos vacunados en los próximos meses. Las proyecciones prevén incluso un aumento de Covid-19 en hasta 2,75 millones de "casos" vacunados para finales de 2020.

Los vacunados tienen un 241% más de posibilidades de morir en el hospital por Covid

En los hospitales británicos -como en otros países- ocurre lo mismo: se llenan principalmente de personas totalmente vacunadas:

En cuanto al número de muertes por Covid, la estadística es aún más grave. Aquí podemos ver claramente que las muertes por Covid entre las personas "vacunadas" son mucho más altas que entre las personas no vacunadas, y están aumentando: (hay que tener en cuenta que las cifras se basan en las tendencias del verano, cuando históricamente hay pocas infecciones por el virus. Por lo tanto, las cifras pueden empeorar mucho en el próximo invierno).

Recordemos que la edad media de una muerte por Covid-19 antes de la campaña de "vacunación" era de 85 años. Es decir, unos años más que la edad media de 81 años.

Las mismas proyecciones esperan 2130 muertes de no vacunados y 17.038 de vacunados. La tasa de mortalidad hospitalaria es entonces del 17% para los no vacunados, pero del 58% (¡!) para los vacunados. Los datos muestran, por tanto, que una persona vacunada tiene un 241% más de probabilidades de morir en el hospital por Covid que una persona no vacunada.

¿Fallará el sistema inmunológico de todos los vaxxers en aproximadamente un año?

Al ritmo actual de deterioro, el sistema inmunitario de las personas de 30 a 39 años fallará por completo en menos de 3 meses. En el caso de las personas de 40 a 49 años, es probable que se aplique el mismo período de sólo 3 meses. Los mayores de 80 años ya han recibido una vacuna de refuerzo, así que para ellos es cuestión de esperar a ver qué pasa.

Dada la mala experiencia con las dos primeras inyecciones, es muy probable que sus sistemas inmunitarios -que de todos modos responden poco o nada a cualquier tipo de "vacuna"- fallen mucho antes de los 4 a 16 meses que sugieren las estadísticas. Para todas las personas que se vacunan, hay un periodo de unos pocos meses a un año antes de que sus defensas naturales acaben cediendo.

Big Pharma tiene su modelo de súper beneficio: jabbers permanentemente en las vacunas de refuerzo

Los datos muestran que los productores de Big Pharma han realizado exactamente su soñado modelo de superganancia. Todos los vacunados tendrán que reforzarse permanentemente (presumiblemente al menos 2 por año) para tener teóricamente un sistema inmunitario algo funcional. Si rechazan esta "suscripción a la vacuna", no sólo pierden sus libertades y se cuentan entre los parias no vacunados, sino que también firman su casi segura sentencia de muerte porque apenas tendrán defensas suficientes, incluso contra los virus comunes del hogar.

Que esto es más que una teoría lo indicó la propia UKHSA con respecto a los datos de la semana 42, en los que se constató que el nivel de anticuerpos N cruciales en las personas totalmente vacunadas ha descendido. Esto significa que las inyecciones están afectando a la capacidad del sistema inmunitario de producir anticuerpos contra otras partes del virus del SRAS-CoV-2. Como resultado, cualquier mutación -y los virus respiratorios como los coronavirus mutan como un reguero de pólvora- supone ahora un gran peligro para las personas vacunadas. Para las personas no vacunadas, las cosas pintan mucho mejor, porque sus sistemas inmunitarios no afectados pueden seguir produciendo suficientes anticuerpos S y N.

La conclusión es sólida como una roca: las vacunas Covid-19 no sólo son ineficaces -como ha admitido ahora incluso Bill Gates-, sino que, lo que es peor, descomponen gradualmente el sistema inmunitario humano natural. Dada la prisa de la mayoría de las personas vacunadas en el cuidado, la temida ola de ADE (Antibody Dependent Enchancement) en jabbers parece haber comenzado.

¿Conseguirán todos los jabalíes una forma de sida?

El Síndrome de Inmunodeficiencia Adquirida (SIDA) describe una condición que anteriormente se pensaba que era causada sólo por el virus VIH. Un paciente con SIDA pierde sus defensas e inmunidad, y al hacerlo se vuelve vulnerable a una variedad de otras infecciones y afecciones graves, incluido el cáncer. Todavía es demasiado pronto para decirlo con absoluta certeza, pero parece muy probable que las inyecciones de Covid estén causando una nueva forma de SIDA.

La empresa criminal mafiosa Pfizer está sacando provecho de esto con su nueva píldora llamada anti-Covid, que supuestamente reduce el riesgo de hospitalización en un 89%. Ya se sabe desde hace años que las cifras de Pfizer no son nada fiables, pero esto aparte. Más revelador es que la píldora contiene un agente contra el VIH.

El gobierno se ha vuelto contra su propio pueblo

Y ESTAS inyecciones que ponen en peligro la vida nos las imponen casi todos los políticos con medidas cada vez más coercitivas (que oficialmente ya han provocado 30.000 muertes por vacunas en la UE). Esta flagrante violación de los derechos humanos puede calificarse, en mi opinión, nada menos que de atentado terrorista biomédico deliberado*, rayano en el intento de genocidio de la propia población, que debería llevar a sus responsables, ejecutores y partidarios ante un tribunal de guerra.

¿Nos hemos vuelto, como pueblo, tan hastiados y suicidas que dejaremos que eso ocurra?

Consecuencias graves

Las iglesias de Estados Unidos están cooperando plenamente con las inyecciones que están integrando gradualmente -y en última instancia irreversiblemente- a sus miembros en el Nuevo Orden Luciferino en ciernes.

El imperio 'cristiano' de Billy Graham siempre ha sido parte del NWO globalista - *el falso cristianismo es parte central del 'sistema de la Bestia' y promover estas inyecciones es el cumplimiento de las profecías bíblicas del fin de los tiempos.*

Franklin Graham, que tras la muerte de su ilustre padre Billy asumió el cargo de evangelista más famoso de Estados Unidos, parece haber sufrido el común efecto secundario de la pericarditis (inflamación del pericardio) tras sus inyecciones de Covid-19 en los últimos meses. Mientras tanto, Graham, de 69 años, ha sido operado con éxito y está en casa recuperándose. En marzo, dijo a sus millones de seguidores que Jesucristo está detrás de estas "vacunas" y, por tanto, quiere que todo el mundo se inyecte con ellas.

El hijo de' es director general de la Asociación Evangelística Billy Graham y también de su propia organización, Samaritan's Purse, que recaudó casi mil millones de dólares el año pasado y colabora regularmente con la industria farmacéutica y el sistema médico en el suministro de inyecciones de Covid. En agosto, incluso, se instaló un puesto de preparación de hospitales de campaña en Mississippi, porque la tasa de "vacunación" es muy baja en ese estado.

La conocida revista Politico señaló en julio que Franklin Graham es amigo del director de los NIH, Francis Collins, también "devoto cristiano evangélico" y jefe de Anthony Fauci. Ni que decir tiene que Collins es también un virulento promotor de las inyecciones. Por lo tanto, Collins y Graham están en contacto regular con funcionarios de la Casa Blanca a este respecto.

Predicar la versión occidental de 'Jesús' puede ser muy lucrativo

Para subrayar el hecho de que la versión estadounidense del evangelio se convirtió literalmente en un gran negocio después de la Segunda Guerra Mundial, Graham gana más de 700.000 dólares al año sólo como director general de Samaritans' Purse. También tiene 12 empleados que ganan más de 200.000 dólares. Graham también tiene un jet privado y en 2020 había ganado más de 8,2 millones de dólares de "inversiones" (¿tal vez en acciones de Pfizer y Moderna?), y esto en un año en el que millones de personas se vieron afectadas financieramente por los cierres de la corona.

Así que, en flagrante contradicción con lo que está escrito en todo el Nuevo Testamento, puede ser extremadamente lucrativo predicar y seguir esta versión (occidental) de 'Jesús', como otros numerosos evangelistas de éxito (exentos de impuestos) de mega-iglesias y nominados a la televisión también han experimentado en las últimas décadas.

Billy Graham, miembro de la red de pederastia de la CIA

El padre de Franklin, Billy, considerado por muchos como el "mayor evangelista de todos los tiempos" y fallecido en 2018, soportó varios escándalos y acusaciones. Uno de los más graves fue el testimonio de Fiona Barnett, quien asegura que fue abusada sexualmente cuando era niña tanto por (el presidente) Richard Nixon como por Billy Graham. Algunos creen que ambos hombres formaban parte de una red de pedofilia de élite dirigida por la CIA, y que el escándalo del "Watergate" fue en realidad diseñado para evitar que esto se filtrara.

Fiona Barnett testificó ante el Tribunal Internacional de Justicia Natural (ITNJ) en 2018 sobre el abuso ritual satánico que supuestamente sufrió.

Nacida en Sídney en 1969, Barnett contó que cuando era una niña de 6 años la obligaron a participar en orgías y que fue violada por el Primer Ministro Gough Whitlam, el Ministro de Justicia Lionel Murphy, el Gobernador General John Kerr y el futuro Primer Ministro Bob Hawke, entre otros. El ex presidente Richard Nixon supuestamente le hizo lo mismo en un avión militar durante una visita a Australia. También acusó al magnate de los medios de comunicación Ted Turner. Billy Graham supuestamente la violó durante una infame reunión de ocultismo "Bohemian Grove" en Estados Unidos. Allí también habría presenciado un asesinato ritual.

Francmasón de grado 33 con altos amigos Illuminati

Billy Graham se unió a los masones (/Illuminati) alrededor de 1948, ascendió al grado 33, y fue un amigo cercano de George Bush. Graham apoyó la guerra contra Irak en 1991 (e incluso "rezó" con Bush en la Casa Blanca por ello), y dijo en 2000 que los estadounidenses debían aceptar el "Nuevo Orden Mundial". Más amigos notorios de Graham: Henry Kissinger y el ex director de la CIA Allan Dulles, que financió a Adolf Hitler por la puerta trasera y fundó el Consejo Mundial de Iglesias (controlado por los Illuminati).

Las "cruzadas" de Bill Graham fueron financiadas por los Rockefeller, entre otros. También apoyó los "ministerios" de Robert Schuller ("La hora del poder"), Norman Vincent Peale y Oral Roberts, todos los cuales se dice que eran masones de grado 33. (Oral Roberts tiene fama de ser una especie de 'progenitor' del cristianismo pentecostal moderno, pero según Phillip Eugene de Rothschild (vía David Icke, ver 'Hijos de la Matriz') era un amigo cercano de su familia y un sacerdote ocultista de una religión satanista que deliberadamente secuestró el cristianismo original e introdujo (con éxito) otro Jesús y otro 'Espíritu Santo').

Según el autor cristiano Fritz Springmeier, Billy Graham era de hecho un satanista ("Sed sabios como serpientes", 1991). Se basó en varios testigos, entre ellos víctimas de abusos, un antiguo miembro masónico de grado 33 y empleados de la NSA y la CIA. Otro testigo, David Hill, que vivió con los Graham durante dos años y se convirtió en amigo de Franklin, fue asesinado más tarde cuando completó un manuscrito que pretendía revelar al público la posición de Graham en los Illuminati y sus posteriores planes.

'Franklin comió un donut con forma de pene en el caso de un sospechoso de tráfico de niños'

El periodista de investigación Timothy Holmseth, que dice haber sido testigo del FBI en un caso nacional de secuestro de niños y que supuestamente se unió a una Fuerza de Tarea Pedófila del Pentágono (PPTF) en 2019, escribió en abril de 2020 que Fiona Barnett se enfrentó a Franklin Graham, diciendo: "Hace 43 años, tu padre me intoxicó y me violó en California. Estoy feliz de estar aquí para compartir el evangelio con todas las demás víctimas de Billy Graham".

¿Qué había hecho Franklin? Un donut literalmente con forma de pene (y no en vano se llama "polla y pelotas") que se come en "Voodoo Donuts", justo horas después de que la víctima de abusos Michael Whalen hubiera

identificado este mismo lugar como una tapadera para el tráfico sexual de niños. La misma tienda también vende donuts con nombres como "triple penetración", "viejo verde" y uno con un pentagrama. (Muy divertidos y muy cristianos, todos ellos...)
Holmseth también escribió que el New York Times estaba tratando de encubrir "lo que realmente está sucediendo bajo las carpas en Central Park". Una de las fotos del interior de las carpas muestra a miembros del personal de la organización de Franklin Graham, Samaritan's Purse. En ese momento, esta historia no confirmada sobre un gran número de niños secuestrados y rescatados de los túneles subterráneos se extendió como un reguero de pólvora por la Internet alternativa.

Como 2 manos en 1 guante con Big Pharma y el tráfico de niños'

Con excepciones, la gran mayoría del cristianismo organizado se ha corrompido totalmente. El periodista-analista Brian Shilhavy (Health Impact News) señala que el cristianismo organizado de hoy es como dos manos en un guante "con Big Pharma y pharmakeia, la palabra griega en el Nuevo Testamento traducida como 'brujería' o 'hechicería'.

Sin embargo, se trata de una traducción incompleta y engañosa. El significado correcto es "sustancias a las que se atribuye un cierto efecto mágico (protector)", una descripción que se aplica eminentemente a las vacunas. El libro profético del Apocalipsis dice que el mundo entero será engañado por esta pharmakeia (farmacia), y que el juicio sobre los engañadores y diseminadores será literalmente devastador.

Shilhavy escribe que la "iglesia cristiana corporativa", las iglesias que en realidad se dirigen como corporaciones, también están metidas de lleno en el comercio (sexual) de niños. 'Cientos de líderes eclesiásticos de casi todas las principales denominaciones ya han sido arrestados por abuso sexual de niños, incluyendo la Iglesia Católica, la Iglesia Mormona, los Bautistas del Sur y los Bautistas independientes'. (Es ir demasiado lejos para que este libro entre ahora en detalles, pero es de dominio público que en gran parte de la Holanda eclesiástica-cristiana las cosas no han sido mucho mejores desde tiempos inmemoriales).

'Es hora de que los verdaderos creyentes en Jesucristo abandonen las sinagogas de Satanás, la Iglesia organizada estadounidense', continuó Shilhavy. 'Como he escrito antes, el fundamento de esta Iglesia está equivocado, y todo el sistema debe ser destruido y reconstruido... Es hora de sustituir la fe intelectual, las doctrinas y las confesiones por una fe REAL que produzca acción, que lleve a la resistencia contra el sistema mundial satánico y que, al hacerlo, utilice el poder sobrenatural prometido a los que creen de verdad'.

Exponentes del falso cristianismo profetizado

Sin embargo, por el momento, Franklin Graham parece seguir siendo, al igual que su padre, el célebre exponente de un falso cristianismo en el que casi todos los principios doctrinales fundamentales del evangelio original han sido completamente desacreditados o invertidos.

Así -en parte gracias al padre Billy- cientos de millones de personas en todo el mundo han sido llevadas a creer la mentira de que simplemente rezando una "oración del pecador" se asegurará tu "salvación eterna" (sea o no explícitamente impuesta con la pistola espiritual en tu cabeza que de lo contrario estarás "perdido"), y que Jesús te llevará a tiempo antes de que sea demasiado difícil en la tierra. Esto simplemente ignora el hecho de que a estas alturas unos 300 millones de cristianos (en su mayoría asiáticos y africanos) están siendo perseguidos por su fe (cifras de Open Doors), y muchos millones de ellos ya han sido masacrados.

Billy Graham preside la falsa y antibíblica oración del pecador "una vez salvado, siempre salvado", que ha llevado a millones de personas por el mal camino.

La iglesia apóstata de los últimos tiempos es un hecho

La llegada del falso "evangelio del éxito" que el cristianismo difundió desde Occidente, por cierto, está perfectamente predicha en la Biblia. Los primeros cristianos de Tesalónica creían que experimentarían la

Segunda Venida de Jesús durante su vida. Cuando los miembros de esta congregación comenzaron a morir, se preocuparon y le preguntaron al apóstol Pablo si la Segunda Venida ya había sucedido, y si no, por qué no había sucedido todavía.

La respuesta de Pablo (tantas veces malinterpretada y malentendida) fue clara: la Segunda Venida sigue siendo retenida porque primero debe haber una gran apostasía de la fe y el "hombre pecador" (el hombre que hace sus propias cosas y hace sus propias leyes) se ha apoderado de la iglesia mundial (llamada "el templo de Dios" en el NT). También mencionó las características de esta iglesia apóstata de los últimos tiempos: un enfoque en señales y maravillas, y una aversión (abandono) del conocimiento y la verdad, hasta el punto de que Dios mismo envía una "aberración" que hace que crean (sigan creyendo) en mentiras. (En la línea de "quien no quiere oír....").

Estas mentiras son tan convincentes y poderosas (¿quizás porque se alegará que su salud/vida está en juego?), que 'incluso los elegidos' podrían ser engañados (Mateo 24). A pesar de esta profecía de Jesús y de la 'gran apostasía' predicha posteriormente por Pablo, todos los cristianos están convencidos de que nunca caerán en este engaño. Siempre son otros los que caerán en él, piensan. Pues bien, estoy convencido de que precisamente por esta actitud ingenua corren el peligro de caer ciegamente en este engaño fatal.

Con falsas enseñanzas a una iglesia que promueve el "666

De hecho, la caída de la iglesia será tan profunda que cooperará plenamente -de nuevo, con excepciones- con el establecimiento del sistema financiero y "farmacéutico" satánico de "La Bestia". No en vano los primeros traductores de Apocalipsis 13 cambiaron las letras Chi-Xi-Stigma por el valor numérico '666'. ¿La razón? Porque Chi-Xi-Stigma habría sido leído por todos los griegos y romanos de la época en que se dieron estas revelaciones como '(marca) de la cruz de Cristo'. En resumen: la Biblia predijo un cristianismo FALSO que pretendía representar la verdadera fe.

Con falsas enseñanzas a una iglesia que promueve el "666

De hecho, la caída de la iglesia será tan profunda que cooperará plenamente -de nuevo, con excepciones- con el establecimiento del sistema financiero y "farmacéutico" satánico de "La Bestia". No en vano los primeros traductores de Apocalipsis 13 cambiaron las letras Chi-Xi-Stigma por el valor numérico '666'. ¿La razón? Porque Chi-Xi-Stigma habría sido leído por todos los griegos y romanos de la época en que se dieron estas revelaciones como '(marca) de la cruz de Cristo'. En resumen: la Biblia predijo un cristianismo FALSO que pretendía representar la verdadera fe.

La señal en el brazo (y en la frente)

Posiblemente el proceso de 'despertar' que ha comenzado ahora en todo el mundo sea una primera señal de ello. Sin embargo, parece que primero tendremos que experimentar el cumplimiento de la profecía de 'La Bestia', es decir, la incapacidad de 'comprar o vender' sin la 'señal' atravesada en el brazo*.

(La palabra griega en Apocalipsis 19:20 para "señal" de la Bestia = charagma = grabar / grabar / incisión / pinchar una "señal" usando una aguja afilada, con el propósito específico de identificación. Por lo tanto, las traducciones originales de Apocalipsis 13 y 19 decían correctamente EN la mano, y no SOBRE la mano. En caso de que usted diga: pero el pinchazo no entra en mi mano: La palabra utilizada para mano (χείρ) puede incluir todo el brazo. Ver más mis artículos anteriores sobre esto).

(En cuanto al signo "en la frente", son posibles varias (combinaciones) de explicaciones:

* Las inyecciones pueden contener una enzima luciferasa y/o nanochips de grafeno que se extienden por todo el cuerpo, pero se leen mejor con un escáner en la frente. (Al fin y al cabo, los brazos suelen estar cubiertos bajo la ropa). Piensa en los escáneres de infrarrojos que te pusieron en la frente el año pasado para tomarte la temperatura.

* Una señal en la frente es una señal bíblica espiritual (invisible) que también es aplicada por Dios a los suyos. Ver, por ejemplo, Apocalipsis 7:3 '... no hagáis daño a la tierra... hasta que hayamos sellado a los siervos de Dios en sus frentes'. Especialmente desde que aquellos que aceptan la marca son condenados, es por lo tanto plausible que una marca aplicada físicamente en el brazo automáticamente significa una marca aplicada espiritualmente en la frente.

* Ahora se ha demostrado que el grafeno/nanopartículas se extiende también al cerebro. Hace unos años, utilizando radiaciones electromagnéticas (como 4G/5G), consiguieron cambiar el comportamiento y los "pensamientos" de los ratones. ¿Y si esto también ocurre con los humanos? En una línea recta detrás de la frente, en lo más profundo del cerebro, se encuentra la glándula pineal, que históricamente también se llamaba la "sede del alma" (Descartes), y en los círculos esotéricos todavía se considera el "tercer ojo" con el que se podía tener contacto con los poderes espirituales.

La base de datos del gobierno estadounidense VAERS sugiere que ya este año han muerto 2620 bebés no nacidos después de que sus madres recibieran una inyección de Covid. Según los análisis de la Dra. Jessica Rose, esa cifra ha superado los 107.000. En Escocia también se está investigando una oleada de muertes súbitas entre los recién nacidos.

87

Hay muchos ejemplos en el Antiguo Testamento de personas que sacrifican a otras personas e incluso a niños porque piensan que algún "dios" se lo exige. Hace tiempo, aprendimos en la escuela que esos tiempos bárbaros eran cosa del pasado - y entonces amaneció el 2020/2021. Las inyecciones dañinas y asesinas son promovidas abiertamente por el falso cristianismo de manera extremadamente cínica como un "regalo de Dios" para nuestra "salud".

En nuestra opinión, difícilmente se puede dar una prueba más clara de que estamos viviendo en el tiempo predicho de la iglesia apóstata y totalmente equivocada.

¿Un encubrimiento masivo?

Las "vacunas" para niños salvan 14 vidas de Covid, pero matan más de 800 - Incluso para los ancianos frágiles, el balance es negativo: *1 salvado, 2 muertos -*

'En los próximos 5 años, aumento catastrófico de las muertes por estas inyecciones'

La cadena de noticias One America informa de que los datos oficiales del VAERS muestran que las inyecciones de Covid son ya directamente responsables de más de 300.000 muertes en Estados Unidos. Mientras tanto, "cientos de miles de personas han perdido su trabajo o han sido despedidas sólo por exigir que se respeten sus derechos y libertades personales", informa la cadena. Y no es de extrañar, dadas las crecientes pruebas de que las vacunas contra el coronavirus no sólo no están probadas, sino que ahora se ha demostrado que son realmente peligrosas".

Nuestro objetivo es concienciar a la gente sobre la seguridad de estas vacunas", explicó a la OAN Steve Kirsch, fundador de la Fundación para la Investigación de la Seguridad de las Vacunas. Lo que nos llevó a esto: las cifras de lesiones y muertes que se producen después de ser vacunados. Después de vacunarme, empecé a escuchar todo tipo de historias de personas que enfermaban o morían a causa de estas vacunas. El ejemplo más extremo fue el de un amigo en Suecia.

Tres miembros sanos de su familia murieron a la semana de haberse vacunado".

Ya hay más de 300.000 muertos

Kirsch testificó recientemente ante la FDA sobre sus hallazgos, donde expresó su preocupación por las obligaciones de las vacunas. Mientras que las vacunas actuales son promovidas por agencias gubernamentales como los CDC, Kirsch dice que su investigación ha producido evidencia alarmante de (los datos de) las mismas agencias. Esto demuestra que las vacunas son responsables de un número asombroso de muertes.

Si se miran los datos del VAERS -el organismo oficial de registro de los efectos secundarios de las vacunas- se dice que hay más de 7500 muertes. Pero el sistema VAERS -basado en la metodología de los CDC- tiene un subregistro de 40 a 1. Así que si tienes que hacer 40 x 7500, después de lo cual también tienes en cuenta el ruido de fondo, obtienes más de 300.000 personas muertas por estas vacunas.'*

Sumados, esto significaría que ya se han producido unos tres cuartos de millón de muertes por Covid-vax en los Estados Unidos y la UE, lo que haría que el término "genocidio" estuviera más que justificado.

Los niños pagan un peaje aterradoramente alto

Lo más aterrador de todo esto es el elevado número de víctimas que estas inyecciones están provocando en los niños estadounidenses, argumenta Kirsch. Éstos (con excepciones como los niños con trastornos inmunitarios graves ya existentes) eran en realidad completamente inmunes al coronavirus y no enfermaban mucho, si es que lo hacían. Varios médicos, entre los que se encuentran pediatras y especialistas en cardiología, afirman que hay cuatro veces más niños que acaban en la UCI con la gripe anual que con el Covid-19.

A pesar de ese riesgo tan bajo, las inyecciones de Covid se siguen administrando a los niños. Los datos del VAERS muestran que por cada millón de niños "vacunados" mueren 30. El gobierno quiere ahora inyectar a 28 millones de niños de 5 a 11 años. Según las estadísticas, eso podría salvar la vida de 14 niños. Al mismo tiempo, las mismas "vacunas" son entonces directamente responsables de la muerte de más de 800 niños.

Kirsch: "Es trágico que estemos perjudicando a nuestros hijos. Las cifras de miocarditis son mucho más altas de lo que admiten la FDA y los CDC. El daño causado a estos niños es permanente. Puede que estén en el hospital menos de una semana, pero muchos de estos niños con este diagnóstico pueden morir en 5 años. Lo sabremos con seguridad dentro de 5 años. Lo que estamos provocando ahora es trágico".

El balance también es negativo para los ancianos: 1 salvado, 2 muertos

Los datos del VAERS también muestran que por cada persona mayor "salvada", dos mueren a causa de la inyección. Los datos sobre el número de muertes por vacunas proceden del propio sitio web de los CDC, donde los médicos y los hospitales están obligados a tener registrado el número de muertes. Estas cifras muestran un dramático aumento de las muertes por las "vacunas" Covid. El número de efectos secundarios adversos y muertes en todos los grupos de edad ya es mayor que el de todas las demás vacunas de más de 70 años combinadas.

Esto es extremo", comenta Kirsch. Esta vacuna es mucho, mucho más peligrosa que todo lo que hemos visto en los últimos 30 años. Esto supera todos los límites'.

El comentarista concluye: "A menos que Estados Unidos defienda la libertad de tomar sus propias decisiones en materia de salud, podríamos ver un aumento catastrófico de las muertes en los próximos 5 años. Todo gracias a esta vacuna impulsada a toda prisa, no probada, no comprobada y extremadamente insegura".

No hace falta explicar que la imposición cada vez más coercitiva de estas inyecciones equivale a crímenes muy graves contra la humanidad -incluso aproximados, genocidio- que pueden -y deben- llevar a todos los políticos, parlamentarios, científicos, asesores y directores de medios de comunicación responsables y cooperantes al banquillo de los acusados en un tribunal de crímenes de guerra.

¿Qué hace falta?

'Moralmente repugnante y depravado que incluso los niños sean inyectados con esto' - **Proyecto Unidad:** *Los imperios de la izquierda y la derecha se unen y se mueven para oponerse a estas "vacunas" forzadas, que el director general de Pfizer ha reconocido ahora que es ingeniería genética*

El Dr. Robert Malone, quien -sobre todo teniendo en cuenta los acontecimientos actuales más que acertados- advirtió que los propios vacunados se están convirtiendo en "superdifusores", y situó las inyecciones de Covid directamente a la altura de "los horribles experimentos médicos con judíos y otros grupos étnicos" en la Segunda Guerra Mundial. En una entrevista más reciente, Malone afirmó que las "vacunas" matarán incluso a más niños que a adultos, y que quienes imponen estas inyecciones a la población son muy conscientes de ello.

Malone - definitivamente no es un anti-vaxxer (él mismo desarrolló las vacunas durante muchos años) - fue un (mRNA) testigo experto en la creación del nuevo libro 'The Real Anthony Fauci' de Robert Kennedy Jr. (Children's Health Defense). Después de editar el libro dos veces, estuvo "deprimido durante una semana. Ya sabía mucho sobre las cosas oscuras que ocurrieron con el SIDA y el AZT, pero no tenía ni idea de lo profunda que es la corrupción, de lo retorcida que es esa historia (sobre el VIH y el SIDA)'.

Me asombró el paralelismo con lo que está ocurriendo ahora: la supresión de los primeros tratamientos, la concentración en las vacunas únicamente... Tony (Anthony Fauci) ha tenido décadas para acumular tanto poder, y lo está usando puramente como un arma. Controla todo el sistema sanitario y todas las empresas de investigación".

Otro evento201: pandemia prevista para 2019

Malone señala entonces el infame Event201, del que el vídeo también muestra imágenes. Bill Gates y el Foro Económico Mundial dirigieron este 'juego de guerra' en octubre de 2019 con varios líderes mundiales (entre ellos el primer ministro canadiense Justin Trudeau, su homólogo australiano, miembros de los gobiernos de Estados Unidos, China y Europa, la comunidad de inteligencia, las grandes farmacéuticas, los medios de comunicación y de instituciones científicas como la Universidad Johns Hopkins, etc.) sobre cómo responder al brote mundial de un peligroso coronavirus, que 'casualmente' (ya casi nadie se lo cree) ocurrió 3 meses después.

'Esto no está oculto, no es una conspiración. Usted mismo puede ver los clips en línea'. Según Malone, el mayor error cometido en 2020 fue querer seguir al pie de la letra el "plan de batalla" acordado en 2019, mientras que pronto quedó claro que el coronavirus no es en absoluto extrapeligroso, y puede compararse con una gripe estacional normal.

Mentir y volver a mentir para imponer la vacunación forzosa

Además, Bill Gates controla la OMS en estrecha colaboración con Johns Hopkins, que en realidad es propiedad de la CIA. Ahora están siguiendo paso a paso el plan de vacunación forzada... Además, asumieron que la inmunidad natural no funcionaría".

Así que tenemos a un grupo de burócratas, tipos de inteligencia, figuras de los medios de comunicación y gente de Gates y la OMS, que tienen grandes intereses financieros (en las "vacunas" y otras medidas), imponiéndonos su plan bueno o malo, nos guste o no y sin importar si tiene algún sentido".

Pero "está muy claro que están mintiendo". Fauci ha cometido perjurio. La directora del CDC (Rochelle Walensky) miente tan rutinariamente que bizquea. ¿Dónde la encontraron? Todo lo que hace es mentir, mentir y volver a mentir, con cara de acero y sin pestañear, directamente a las cámaras... Son corruptos hasta la médula, lo que es sintomático de nuestros tiempos".

"Es asqueroso y depravado que se vacune incluso a los niños

Malone califica literalmente de "obsceno" el hecho de que incluso los niños sean inyectados. Eso es bioéticamente tan repugnante y depravado… En los NIH, hay un vacunólogo de alto nivel y muy respetado que ha acudido a la prensa y ha dicho que el requisito de vacunación es absolutamente erróneo. En julio envió un memorando a Fauci y escribió que está en contra. El 1 de diciembre dará una conferencia que será transmitida por streaming. Acabo de hablar con él hoy y está muy preocupado… Es un verdadero héroe".

'Luego tienes a Peter McCullough, en su campo (inmunología) uno de los autores más publicados en el mundo, y a Pierre Kory, que escribió EL manual sobre la gestión del CI. El profesor senior de Harvard Martin Culdorf también se opone con vehemencia a todo lo que se está haciendo'. El grupo de científicos de alto nivel que se ha manifestado abiertamente en contra es ahora enorme.

'En la Alianza de Médicos y Científicos (globalcovidsummit.org) ya hay más de 13.000 científicos de todo el mundo que han firmado dos declaraciones. La segunda dice en realidad 'no vacunar a los niños', 'permitir que los médicos traten' y 'no vacunar ni restringir a las personas que tienen inmunidad natural'. Ahora hay más científicos que han firmado esto que los que trabajan en el HHS (sistema sanitario federal). Así que no somos una panda de idiotas de extrema derecha, pero así es como quieren retratarnos'.

'La prensa caza a los científicos críticos en coordinación con las grandes farmacéuticas'

'La prensa está persiguiendo a los médicos y científicos (críticos) en coordinación con Big Pharma, y está ocurriendo en todo el mundo. Ayer tuvimos una llamada de zoom con un médico canadiense muy experimentado de la UCI que fue suspendido por tratar a sólo DOS pacientes con... ssshhhttt, la 'droga del caballo'... Ivermectina. Y por el "pecado" de querer salvar la vida de sus pacientes, sus 12 años de formación y toda su experiencia se fueron a la basura".

Este uso de las normas y las leyes como armas contra el pueblo ocurre en todas partes'. Como el propio gobierno no tiene suficiente gente para hacer cumplir sus medidas totalitarias, el plan ahora es utilizar (como en la Segunda Guerra Mundial y en el Bloque del Este/Unión Soviética) chivatos, no hay problema para encontrarlos).

¿Por qué se pone un medicamento contra el infarto en inyecciones para niños?

Recientemente, la documentación de la FDA reveló que Pfizer puso subrepticiamente en sus inyecciones para niños el medicamento Tromethamine, que podría prevenir los ataques cardíacos. Malone duda de que haya suficiente cantidad de este fármaco en las "vacunas" como para tener un impacto importante, y por ello sospecha que está pensado principalmente como un amortiguador, ya que hay problemas importantes con la estabilidad del ARNm en las inyecciones. Sin embargo, lamentablemente, la FDA y Pfizer no dicen por qué lo han hecho. Malone considera que esto es "engañoso".

Esto echa aún más aceite al fuego para que la gente no confíe en Pfizer y tampoco en Moderna". El mismo secretismo se aplica a las exigencias (extremas) que Pfizer ha hecho a todos los gobiernos, y al hecho de que los fabricantes han sido absueltos de cualquier responsabilidad en caso de que las cosas salgan mal (UE y EE.UU.: al menos 50.000 muertes oficiales por la vacuna Covid y entre 2,5 y 3 millones con daños a la salud).

Muchos niños morirán antes de que la gente despierte".

Numerosas personas adineradas, tanto de izquierdas como de derechas, se han unido en 'El Proyecto Unidad' porque 'están furiosos' por lo que se está haciendo con estas inyecciones forzadas de Covid. Estamos en el umbral de una gran resistencia", continuó Malone. La triste verdad es que primero morirán muchos niños antes de que la gente despierte. Eso sucederá, y los fundadores de The Unity Project están lívidos por esto'.

Ahora están impulsando deliberadamente algo para dañar y matar a los niños. Ahora incluso están iniciando ensayos clínicos con niños muy pequeños (niños pequeños y bebés). Habrá niños que morirán. Habrá niños perjudicados. Parece que esto tiene que suceder antes de que la gente despierte y salga de la niebla cerebral que sufre ahora, y empiece a luchar contra esto.

Malone reitera que está "enormemente desilusionado" y "muy deprimido" por lo que se está haciendo ahora. ¿Qué ha pasado con mi industria, con todo lo que aprendí, con la tecnología que inventé? Esto no está bien. ¿Qué se puede hacer? Mis colegas están esperando y no quieren montar un escándalo, porque no quieren perder su trabajo y no quieren ser vilipendiados por la prensa. Pero también puedes dar la cara y hacer lo correcto".

"Hemos conseguido una cultura como la del gobierno: mentir, engañar, romper las reglas se ha convertido en la norma

Yo mismo estoy muy enfadado", concluye. Por fuera mantengo la calma y me concentro en los hechos, pero por dentro estoy en llamas y furioso... Están destruyendo mi industria, están destruyendo los estándares que teníamos'. La integridad ha desaparecido por completo en la ciencia médica.

Hemos creado una cultura en la que -como hace el gobierno- está bien mentir y tergiversar las cosas. En la que está bien romper las reglas y hacer lo que quieras si te da poder personal o político. Esto tiene que acabar. Hemos llegado a una cultura en la que está bien que la industria farmacéutica se haya apoderado de todo el poder legislativo (incluido "nuestro" gobierno y casi todo el parlamento) y de la sanidad. Tenemos que averiguar cómo vamos a arreglar esto".

'Mi consejo directo: resistir. NO vacunen a sus hijos. Es como jugar a la ruleta. No sabes si la bola va a caer en la caja que representa a tu hijo, y entonces tu hijo tendrá miocarditis o uno de los otros (cientos de efectos secundarios identificados). No dejes que lo hagan. Es un completo error. Si están sanos: ¡no les pongan esta vacuna! El 'razonamiento de que deben recibir esto para protegerte es simplemente obsceno. No caigas en eso".

¿Encerrarlos?

Los no vacunados en Austria se enfrentan no sólo a enormes multas sino también a penas de cárcel (y no sólo una vez)

Como se temía, el gobierno alemán también va a decidir que las inyecciones de manipulación genética Covid sean obligatorias para todos. Sólo falta que el parlamento vote al respecto, pero eso se ha convertido en una formalidad, ya que sólo existe para mantener la farsa de una "democracia", mientras que mientras tanto aplica ciegamente las decisiones de un régimen dictatorial. La obligación de vacunación es el "regalo de despedida" de Angela Merkel como canciller, que había prometido previamente que la "vacunación" seguiría siendo una opción personal.

A partir de ahora, sólo los alemanes totalmente vacunados podrán entrar en restaurantes, teatros, cines y "tiendas no esenciales". (Al igual que en Australia e Israel, por cierto, estas personas estarán obligadas a recibir todas las vacunas de refuerzo -que a partir de ahora se administrarán de forma permanente, al menos dos veces al año- porque, de lo contrario, perderán todos sus privilegios).

Los austriacos se enfrentan a la cárcel si no se dejan inyectar

En Austria ya hemos asistido a la instalación de un sistema de control totalitario que se está convirtiendo rápidamente, a un ritmo inimaginable, en la dictadura global más dura e inhumana que jamás haya asolado a la humanidad. Ya se sabe que los austriacos que se nieguen a recibir una inyección obligatoria de manipulación genética Covid podrían enfrentarse a enormes multas. Ahora parece que también serán encarcelados cada vez que no paguen dicha multa.

Recientemente, Austria decidió encerrar a los no vacunados en una forma de arresto domiciliario. Esa política, destinada a reducir el número de los llamados "contagios", fracasó por completo. Entonces, el Kanzler Alexander Schallenberg anunció que los pinchazos de Covid serían obligatorios el 1 de febrero, una medida a la que Alemania no tardaría en sumarse, como demuestra el anuncio de ministros y otros políticos alemanes de hacer exactamente lo mismo.

El gobierno de Viena también "filtró" a los medios de comunicación un nuevo proyecto de ley que establece que toda persona que se niegue a presentarse a una vacunación obligatoria recibirá primero dos recordatorios y, en caso de negativa reiterada, una multa de 3.600 euros (y 7.200 euros si ya tiene negativas y multas anteriores a su nombre) o cuatro semanas de cárcel.

En resumen: los que se nieguen a la manipulación genética se arriesgan a ser encarcelados de forma permanente. Como se calcula que en Austria hay al menos entre 2 y 3 millones de personas, nunca podrán ser encerrados en cárceles ordinarias, sino que se necesitarán campos de concentración. Entonces es sólo un pequeño paso hacia una nueva "Solución Final", y estos negadores pueden ser "eliminados" permanentemente. (Esta vez, presumiblemente, no será a través de "duchas" de gas, sino que podrá hacerse con guillotinas).

Austria y Alemania han vuelto a abrazar el espíritu del hombre del bigote

La historia se repite, sólo que con un disfraz diferente, y con, estoy convencido, una miseria y un derramamiento de sangre inimaginablemente mayores que entonces. El espíritu maligno del infame bigotudo vuelve a actuar con toda su fuerza e incluso es abrazado, no sólo en su país natal, sino también en el país vecino desde el que inició la guerra más sangrienta de la historia de la humanidad hasta la fecha.

El "¡nunca más!" de justo después de esa guerra se ha convertido 75 años después en "¡Lo haremos de nuevo, pero mejor esta vez! Volveremos a construir mejor, pero no la sociedad libre ya desaparecida para siempre, sino una versión "mejor" del odioso fascismo que corría a sus anchas hace unos 80-90 años bajo banderas que ondeaban en rojo con círculos blancos y esvásticas negras.

En la UE, donde la presidenta de la CE, Ursula von der Leyen, también ha sugerido esta semana una obligación general de vacunación, el rojo ha sido sustituido por el azul, el círculo blanco por un círculo de estrellas amarillas, y los uniformes militares por vestidos y trajes a medida con corbata. Pero la ideología básica es exactamente la misma, e incluso mucho más afilada: queremos el control total y absoluto de todo y de todos, y hacemos la vida imposible a quienes no lo desean.

Un régimen sin ley al que ya no le importan las protestas ni los derechos humanos

Retrospectivamente, los infames asesinos en masa alemanes, rusos y chinos de los últimos 100 años resultarán ser niños de coro en comparación con lo que los globalistas de la vacuna climática, dirigidos por sus tres testaferros (visibles) Klaus Schwab, Bill Gates y George Soros, están causando ahora en todo el mundo con la ayuda de todos los gobiernos y parlamentos que siguen sus dictados.

Al menos, si quedan suficientes personas para escribir y leer esa retrospectiva sobre lo que amenaza con convertirse en el periodo más horrible de toda la historia de la humanidad.

¿El verdadero objetivo?

'El 11-S y la 'guerra contra el terror' fue su primera declaración de guerra a la humanidad' - **'Los americanos quieren eliminar a sus competidores económicos, Europa y China'** - 'Quieren *quedarse con 100 millones de los suyos y hasta 1.000 millones a su servicio'*

'No hay ninguna pandemia, todo es una mentira, una operación de terror psicológico'.

Un científico militar ruso conocido en el país y (ex) coronel del GRU (servicio de inteligencia militar) sabía exactamente lo que estaba ocurriendo y cuál era el verdadero propósito de 'esta supuesta pandemia, en marzo de 2020, ante las cámaras. 'Déjenme decirles que no hay ninguna pandemia. Todo es una mentira, y debería considerarse una operación estratégica global... Son operaciones de mando y personal entre bastidores de las potencias mundiales para controlar a la humanidad... Creen que hay demasiada gente común en el mundo. Deberían quedar unos 100 millones de los suyos, y hasta mil millones para servirles".

El coronel Vladimir Kvachkov fue en el pasado el investigador jefe del renombrado Centro de Estudios Estratégicos y de Defensa del Estado Mayor de las Fuerzas Armadas. El entrevistador le pide su opinión sobre el fenómeno del coronavirus que estalló en China sólo 2 meses antes.

'No hay que mirar esto desde el punto de vista de la salud pública o de la epidemiología', respondió. 'El coronavirus, al que llaman falsamente pandemia, debe mirarse desde la perspectiva de los poderes mundiales, religiosos, políticos, financieros, económicos y nacionales'.

Citando la 'supuesta pandemia - déjenme decirles que no hay pandemia. Es todo una mentira, y debería considerarse una operación estratégica global... Así es exactamente como deberías verlo. Se trata de operaciones de mando y personal entre bastidores por parte de las potencias mundiales para controlar a la humanidad. Este es el propósito del coronavirus".

'Quieren quedarse con 100 millones de los suyos y 1.000 millones para servirles'

'Repito una vez más que nosotros (los humanos) tenemos poca fe en Dios y aún menos en la existencia de Satanás, el enemigo de la raza humana.' 'Así que el objetivo de los poderes sionistas* y financieros entre bastidores es reducir la población mundial. Es su idea-fijación. Piensan que hay demasiada gente común en el mundo. Debería haber unos 100 millones de los suyos y hasta 1.000 millones a su servicio. Entonces vivirán en abundancia aquí en la tierra".

'Los humanos, los terrícolas, estamos con demasiado para los poderes mundiales que están detrás de la escena. Por eso el coronavirus y la crisis financiera que ha estallado casi inmediatamente están inextricablemente unidos. El objetivo es detener el movimiento de la gente en todo el mundo y recortar las libertades políticas'.

En términos políticos, es prácticamente imposible hacer todo eso. Por ejemplo, hay diferencias en las constituciones. Que se apliquen o no es otra cosa. Sin embargo, hay algunos derechos políticos a los que la gente está acostumbrada y que cree que siempre serán suyos".

El 11-S es la primera declaración de guerra a la humanidad

El primer intento de quitarle esos derechos a la gente fue el 11 de septiembre de 2001. No muchos parecen recordar que tras el llamado ataque a las torres del WTC, al Pentágono y a la Casa Blanca, se declaró la guerra global al terrorismo. Con la vista puesta en el coronavirus, analicemos ese primer intento, esa declaración de guerra a la humanidad que se disfrazó de guerra al terrorismo. Eso fue hace 19 años".

Los poderes mundiales crearon entre bastidores los acontecimientos del 11 de septiembre de 2001. Ahora necesitaban otro pretexto para un control (aún) mayor y la toma de posesión de la humanidad. Así es como se les ocurrió el coronavirus, que en realidad no es una pandemia ni una epidemia'.

En el momento de esta entrevista, los medios de comunicación informaban de que cada día morían unas 300 personas por culpa de la corona. 'Por supuesto que lo siento por cada persona que muere, pero 300 entre 7.500 millones de personas no es realmente nada' (así es como el número de muertes en todo el mundo se acerca actualmente a 112.000, y este día está lejos de terminar - X.). 'Estas operaciones de mando y personal entre bastidores de las potencias mundiales tienen como objetivo restringir varios derechos políticos y asustar a la gente. Los tontos ya están acaparando la comida en las tiendas de aquí, incluso el papel higiénico'.

Una vez más, estas fuerzas sionistas y financieramente liberales quieren limitar los derechos de los pueblos a los que se han acostumbrado, especialmente en Europa Occidental. Ese es su segundo objetivo. El primer objetivo es reducir la población en la tierra (despoblación a través de un genocidio / holocausto de vacunas). Ese es su objetivo satánico. El segundo, el objetivo político, es tomar el poder. El tercer objetivo tiene que ver con las finanzas y el poder sobre la economía".

El BCE y la Reserva Federal descomponen la riqueza del hombre común paso a paso

El coronel pone el conocido ejemplo de un lápiz de 1 dólar, para el que se ha creado 20 veces más dinero en acciones, derivados y otros productos financieros especulativos. De este modo, todos los "activos" financieros y económicos de la economía real se han metido en esta economía virtual, que se ha convertido en una gigantesca burbuja (de un tamaño mínimo de 300 billones de dólares, según otras estimaciones incluso de 1.200 billones), que hay que desinflar antes de que explote con un enorme estallido incontrolado y acabe con todo lo que tenga valor.

Por eso el BCE lleva desde 2014 con una política de tipos de interés cero/negativos, y por eso la Fed de Estados Unidos llegó parcialmente a ella el año pasado. 'Así conseguimos tipos de interés negativos en los depósitos'. Así es como rompen artificialmente la prosperidad (del hombre común) paso a paso. 'Vemos que la economía se ha derrumbado. No pueden satisfacer la demanda interna como antes, la gente tiene que apretarse el cinturón, etc.'

Las fuerzas pro-estadounidenses derrotaron a China

A continuación, Kvachkov señala que en marzo de 2020 ya se había demostrado científicamente que el coronavirus tenía un origen artificial y que había sido difundido deliberadamente en Wuhan (¿pero por quién?).

Unos minutos más tarde, explicó que las fuerzas pro-estadounidenses en China (las que ganaban mucho dinero con esto) habían intentado utilizar el virus en

Wuhan para obtener ventajas económicas y políticas. Se dice que el presidente Xi Jinping se percató de ello y los detuvo, tras lo cual la "pandemia de la corona" terminó pronto en China, y la vida volvió casi a la normalidad.

Entonces empezó en Europa. En la inteligencia militar, nos fijamos en 'quién'. Eso está claro ahora. Y al '¿dónde?' Eso también está claro ahora: Europa y China son dos adversarios geoeconómicos de EEUU. Y ahí es donde inyectaron el virus' (Corona, sin embargo, también se extendió a Estados Unidos, lo que presumiblemente también se hizo intencionadamente para justificar una toma de poder totalitaria y eliminar las contrafuerzas conservadoras).

Italia: no son 130.000, sino 3.800 muertes en la corona

'¿Pero qué ha pasado en Italia? ¿Cómo es que una tribu aún más peligrosa que los chinos aparece de repente en Italia?' A finales de marzo, se decía que unos 1.000 italianos habían muerto de corona **, 'pero allí mueren 100 veces más personas de gripe, neumonía, inflamación de los ganglios linfáticos y hepatitis. Pero de eso no se habla. En cambio, se nos presenta una propaganda de educación política dirigida, una propaganda psicoinformativa".

(** Las autoridades afirman que unos 130.000 italianos han muerto a causa de la corona, pero según un informe reciente, sólo el 2,9% de ellos (menos de 3.800 personas) estaban directamente relacionados con el

111

virus. Más de las tres cuartas partes de las víctimas ya padecían tres o más enfermedades, como diabetes, problemas pulmonares y cardíacos. En resumen: personas tradicionalmente más vulnerables incluso durante una oleada de gripe normal (en la que mueren anualmente entre 20.000 y 25.000 italianos).

'Operación terrorista de psicoinformación, y ahora quieren ver quién obedece'

Por lo tanto, el científico militar ruso reconoció inmediatamente una "operación psicoinformativa específica (psy-op) de los medios de comunicación globalistas al servicio de los poderes liberales sionistas entre bastidores, que ahora están creando este terror.... Ahora están observando quién obedece y quién no".

El virus no sólo tiene una dimensión económica, sino también religiosa: los globalistas quieren 'destruir a los habitantes de la Tierra, reducir el número de población y obtener el control político de la humanidad (restante)'. También buscan 'eliminar la competencia geoeconómica'. Esto se lo digo como oficial del Centro de Estudios Estratégicos y de Defensa del Estado Mayor de las Fuerzas Armadas. Esta es mi evaluación (profesional) de esta pandemia".

Su objetivo: eliminar económicamente a China y a Europa, y luego ocuparse de Rusia".

Cuando se le pregunta qué cree que ocurrirá en el futuro y qué países se verán sometidos a una gran presión, Kvachkov da una respuesta clara: "Rusia, por supuesto, será definitivamente Rusia. Para Estados Unidos, Rusia no es un competidor económico, así que entre bastidores las potencias mundiales se centrarán en perturbar a China y a Europa Occidental. Y Rusia es su objetivo por dos razones: quieren adelgazar nuestra población y "purificar" nuestro territorio. Eso llegará".

¿Cómo va a protegerse Rusia de eso? pregunta el entrevistador. El coronel decide entonces que sólo puede responder como "médico militar, epidemiólogo y parasitólogo": "Mientras no podamos deshacernos de nuestros parásitos internos que nos gobiernan*, no podremos hacer frente a otros parásitos". (* No parece referirse con esto al presidente Putin, sino a los oligarcas rusos prooccidentales que quieren derrocar a Putin y vender a Rusia para su propio beneficio).

¿Chantaje de la CIA? Rusia y China no se harán esperar

Estados Unidos es un imperio en sus últimos días. Casi todos los imperios mundiales atacan entonces históricamente como una bestia herida y viciosa, volviéndose finalmente incluso contra su propio pueblo, sus amigos y sus aliados. ¿Podría ser que Washington esté tratando de provocar una nueva gran guerra en Europa en Ucrania o Polonia, que dejará a nuestro continente en ruinas y a Rusia severamente debilitada, después de lo cual será una brisa eliminar militarmente a la China de pensamiento único que queda?

¿Puede ser que los líderes de los países, también en Europa, estén siendo chantajeados y amenazados por la CIA de que algo grave les ocurrirá a ellos o a sus familias si no cooperan sin reservas con la agenda de vacunación climática globalista (= imperialista estadounidense)? Todos los presidentes de los tres únicos países que rechazaron las inyecciones de Covid están ahora muertos, según informamos en julio.

¿Piensan realmente los arrogantes estadounidenses y sus serviles vasallos europeos que Rusia, China y otros países van a sentarse y esperar tranquilamente una vez que se hayan convencido de que Occidente está dispuesto a acabar con ellos?

¿Nuestro futuro?

Gates reconoce con pesar que las actuales inyecciones de Covid "no pueden prevenir las infecciones" - *La Fuerza Aérea de EE.UU. pierde el "juego de guerra" en el que China invade al amparo de un ataque biológico*

Bill Gates ha "pedido" (= dado instrucciones) a Occidente que invierta decenas de miles de millones en los preparativos (lett. "Juegos de los gérmenes") para la próxima pandemia, que cree que podría surgir tras el "ataque bioterrorista" anunciado por él mismo en 2020. En una reciente entrevista, Gates sugirió que ese ataque (probablemente de falsa bandera) provocará una pandemia con el mortal virus de la viruela. Por eso, según él, se necesitan mil millones al año para un grupo de trabajo especial de la OMS sobre pandemias, y por eso aboga por un "parche" (sin duda obligatorio) en el brazo que facilitaría la reinyección constante. Ese "parche" también podría servir como señal visible de que se obedece todo lo que el sistema exige de uno.

Gates vuelve a anunciar la próxima pandemia

Bill Gates pide a la OMS que organice "Juegos de gérmenes" para prevenir otra pandemia", informó Tech Times el 4 de noviembre. Esa próxima pandemia, según Gates, podría ser "peor" que el Covid-19 (lo cual no es tan difícil, ya que esa enfermedad ha demostrado ser comparable en todos los sentidos a una gripe estacional normal. Mientras tanto, incluso el CDA de Hugo de

115

Jonge lo ha admitido). Si no resulta ser el virus de
Marburgo que mencionó antes -para el que las
"vacunas" ya estarían listas- la próxima p(l)andemia
podría consistir en el regreso de una variante mortal de
la viruela.

La p(l)andemia de Covid debería obligar a la humanidad
a invertir miles de millones más en pruebas, "vacunas" y
otros tratamientos contra el virus, dijo Gates. Reconoció
que las actuales inyecciones de Covid no pueden
prevenir las infecciones, pero "sí ayudan a la salud".
(¿Cómo es esa "ayuda" para su salud en la realidad?
Hasta mediados de octubre, aproximadamente 50.000
muertes oficiales por vacunas y 1,5 millones con graves
daños a la salud a largo plazo o permanentes sólo en
Occidente, cifras que, según los análisis estadísticos,
deberían multiplicarse al menos por 9 o 10 veces).

Gates anunció durante su "Ted Talk" en 2015 una
próxima pandemia mundial, que finalmente se hizo
realidad en 2020. Por eso quiere que se entreguen mil
millones al año a un Grupo de Trabajo sobre Pandemias
de la OMS (financiado y controlado en gran medida por
él) para que organice los "Juegos de los Gérmenes", de
modo que el mundo esté preparado para la próxima
pandemia que se avecina. Si esta pandemia no te
convence, la próxima lo hará", sonrió el ex alto
ejecutivo de Microsoft en una entrevista televisiva el
año pasado durante la primera fase de la crisis de la
corona.

¿Qué pasa si un bioterrorista libera viruela en 10 aeropuertos?

"¿Y si un bioterrorista desata la viruela en 10 aeropuertos? Con esta pregunta durante la reciente entrevista de Policy Exchange, Gates está tratando descaradamente de incitar nuevos temores con el fin no sólo de extraer miles de millones adicionales para "vacunar" a toda la población mundial una y otra vez, sino también como un argumento adicional para entregar aún más poder a la ONU y al Grupo Especial de Trabajo sobre Pandemias de la OMS (y por lo tanto a él).

En este contexto, ¿es una mera coincidencia que la Autoridad de Investigación y Desarrollo Biomédico Avanzado de Estados Unidos (BARDA) asignara 112,5 millones de dólares en septiembre para un tratamiento oral contra la viruela? Recordemos que el gobierno estadounidense y el Centro Johns Hopkins realizaron un simulacro de "Invierno Oscuro" en torno a un ataque biológico con el mortal virus de la viruela en junio de 2001. Un reciente simulacro de juego de guerra (a principios de 2021) sobre un ficticio ataque biológico chino, que precedería a una invasión real, no terminó bien para Estados Unidos.

BARDA, por su parte, también está colaborando con BD (Becton Dickinson) en el desarrollo de una prueba que pueda distinguir el Covid-19, la gripe y otros coronavirus. Dado que la muy controvertida prueba PCR no puede hacer esto, ha sido prohibida en los Estados

Unidos a partir del 1 de enero de 2022. A pesar de ello, esta prueba de PCR se sigue utilizando para informar de las llamadas "infecciones", lo cual es un ejercicio igualmente inútil y engañoso. Por el mismo dinero, casi todos estos supuestos pacientes de 'corona' simplemente tienen gripe.

Parche de vacunación en el brazo

Durante la entrevista, Gates sugiere que las "vacunas" también pueden utilizarse para erradicar la gripe e incluso el resfriado común. 'Hacemos que las vacunas sean un pequeño parche que te pones en el brazo, cosas que son increíblemente útiles incluso en los años en los que no tenemos pandemias'. Subrayé esto, para enfatizar la permanencia planeada de tal "parche de vacuna" en su brazo, incluso si no hubiera más virus (científicamente una imposibilidad absoluta de todos modos, e incluso una condición altamente indeseable debido al severo debilitamiento del sistema inmunológico humano).

Es bastante concebible que sigan apareciendo nuevos "parches" y (a través de ese parche/vacuna) se inyecte un tatuaje de puntos cuánticos tecnológicamente ya desarrollado justo debajo de la piel, creando una "señal" permanente que transmitirá vía nanotecnológica "en vivo" su estado de vacunación. Esa marca será visible desde el exterior con un escáner de infrarrojos que utiliza una enzima luciferasa, también inyectada.

Casi casualmente, Gates vincula literalmente la agenda de la vacunación con la agenda climática, una conexión que he señalado en numerosas ocasiones desde la primavera de 2020 al calificar los acontecimientos que rodean a la pandemia de la corona/Covid como un "golpe de estado de una secta globalista de la vacunación climática". En realidad, se trata de una misma agenda que debe conducir a un gobierno mundial comunista -de facto ya en funcionamiento- que será dirigido por globalistas como Bill Gates y Klaus Schwab.

Este "parche" también encaja perfectamente en la construcción del temido "signo de la Bestia

No tendremos que explicar de nuevo que el "parche" de Gates encaja perfectamente en el sistema global de "la Bestia" que ha estado en proceso de establecerse desde el año 2020 como se predijo en el libro bíblico del Apocalipsis (ver los enlaces más abajo a mis muchos artículos sobre este tema).

El temido "signo de la Bestia" se ha ido inyectando en la humanidad poco a poco desde finales del año pasado, siendo las dos primeras inyecciones una especie de base de pruebas "MSDOS" para el próximo "sistema operativo" de la I.A. 5G/6G/nanotecnológica al que todo el mundo estará vinculado obligatoriamente.

A medida que se suceden más inyecciones y vacunas de refuerzo (la UE ya ha ordenado 6 vacunas de refuerzo para cada ciudadano), el "punto de no retorno" está cada vez más cerca. Para los vaxxers, el rechazo pronto será prácticamente imposible. Los no vacunados -como también se predijo en el Apocalipsis- pueden acabar pagando el precio más alto por su negativa.

¿Un futuro oscuro?

La conferencia de élite sobre el clima COP26 decide recortar la energía, amenazando con causar miles de millones de muertes por hambre - *Sólo el poder de los números puede detener esta guerra contra la humanidad*

A excepción de la asequibilidad de nuestro suministro de energía y, por lo tanto, de nuestra prosperidad y bienestar, la guerra ideológica contra los combustibles fósiles que los globalistas del "Gran Reajuste" / Agenda-2030 de vacunación climática están llevando a cabo causará una hambruna global garantizada ya en 2022 - 2023, que matará al menos a cientos de millones de personas, y hará que los alimentos sean prácticamente inasequibles para miles de millones más. ¿Por qué esto puede ser tan seguro? Porque hay una enorme escasez de fertilizantes, que sólo pueden fabricarse con combustibles fósiles. Los líderes occidentales no sólo ignoran esto, sino que están eliminando los "fósiles" a un ritmo acelerado.

El gas natural y otros combustibles fósiles pueden convertirse directamente en amoníaco (NH_3), que combinado con CO_2 u O_2 (oxígeno) puede utilizarse para producir varios tipos de fertilizantes (urea, ácido nítrico y nitrato de amonio). De la reacción química principal (N_2 (nitrógeno) + $3H_2$ (hidrógeno) = $2NH_3$ (amoníaco) depende la producción de alimentos para unos 3.800 millones de personas.

121

La energía eólica y solar no puede utilizarse para la producción de fertilizantes porque el gas natural (CH4) es insustituible y no se produce con fuentes "verdes". Por lo tanto, limitar y dejar de usar los 'fósiles' pone en riesgo la supervivencia de la mitad de la población mundial. Además, la exacción mundial del petróleo, el carbón y otros combustibles fósiles ya está provocando una fuerte subida de los precios, lo que alimenta la escasez y, por tanto, la inviabilidad de los alimentos.

La élite de la COP26 decide la destrucción "verde" de la prosperidad y el bienestar

La semana pasada, 40 países reunidos en la conferencia sobre energía y clima COP26 decidieron eliminar gradualmente el carbón en los próximos años, lo que es una receta garantizada para las hambrunas mundiales. El cese del carbón provocará una escasez masiva de energía, mientras que ya nos enfrentamos a una escasez deliberada de gas natural, que no sólo aumentará monstruosamente las facturas de energía el próximo año, sino que también amenaza con dejar literalmente a innumerables personas en el frío (presumiblemente extremo) este invierno. Millones de personas tendrán que elegir literalmente entre "¿enciendo la calefacción hoy o hago la cena?

El gas natural se ha encarecido tanto que "el nivel de precios actual ya no hace posible una producción económicamente viable", advirtió SKW Piesteritz, el mayor productor de fertilizantes de Alemania. También en Estados Unidos, Gran Bretaña y Australia se ha detenido en parte la producción de fertilizantes porque el gas natural se ha vuelto inasequible como consecuencia de la "transición" a una sociedad denominada "verde" y "sostenible".

Léase: nuestra sociedad está siendo deliberada y deliberadamente puesta bajo el verde haciendo que los alimentos y la energía, y por tanto la vida misma, sean extremadamente caros. De hecho, la actual escasez de fertilizantes -según Free West Media, causada en parte por el sabotaje (como un número inusualmente alto de accidentes de trenes de carga estadounidenses)- provocará cosechas catastróficas ya en 2022, desencadenando hambrunas a gran escala y disturbios alimentarios.

Miles de millones de personas "aniquiladas" por el hambre, el frío, la enfermedad, la pobreza, la muerte y la guerra

Si a esto le añadimos la crisis de las cadenas de suministro mundiales, también orquestada por los globalistas climáticos occidentales, los apagones planificados -así lo escuchamos de una fuente- y las "vacunas" Covid impuestas con medidas de Apartheid cada vez más duras, el resultado final para la mayoría de la población mundial oprimida, es HAMBRE, FRÍO, ENFERMEDAD, Pobreza y MUERTE, cosas que históricamente siempre conducen a la GUERRA.

No podemos enfatizar lo suficiente que todo esto es demostrablemente "por diseño", planificado y deseado. Los gobiernos y administraciones globalistas han abierto el asalto frontal a la humanidad utilizando la escasez de alimentos, la escasez de energía y las inyecciones de terapia genética que destruyen el embarazo y la inmunidad. La élite ya no nos necesita porque casi todo se puede automatizar. Esta campaña de despoblación genocida, que fue comparada abiertamente con el Holocausto por el inventor de la tecnología de ARNm en las "vacunas" Covid, está siendo vendida a la gente común como un "reinicio necesario" debido a una falsa "crisis climática" de CO2 y una "crisis sanitaria" Covid.

El Príncipe Carlos pidió literalmente una "campaña masiva de estilo militar" en la COP26 para llevar a cabo una "transición económica fundamental" (= TODO el poder y la riqueza a un pequeño club de élite, los ciudadanos privados de derechos que pueden sobrevivir no poseen NADA más). El primer ministro británico, Boris Johnson, instó a los demás líderes a "tomar medidas sobre el carbón, los coches, el dinero y los árboles", todo ello bajo el pretexto de la teoría de la crisis climática de la "ciencia basura" del CO2 antropogénico.

Una vez que miles de millones de nosotros hayan sido "eliminados" por estos métodos y mentiras -la Agenda-2030 quiere dejar un máximo de 1.500 millones de personas, las Guías de Georgia establecen un número deseado de 500 millones- estas poderosas familias bancarias, multimillonarios y casas reales tendrán todos los recursos naturales y toda la Tierra para ellos durante generaciones. Los esclavos supervivientes serán conectados a la fuerza a una red tecnocrática 5G/IA, y podrán ser controlados, abusados y explotados a voluntad, y eliminados tan pronto como ya no sean necesarios.

Sólo el poder de los números puede detener esta guerra contra la humanidad

Aparte de una intervención divina sobrenatural esperada por los creyentes, el "poder de los números" es lo único que todavía puede detener esta Tercera Guerra Mundial contra la raza humana. Cuando miles de millones de personas comunes y corrientes dejen por fin de lado y acepten sus diferencias mutuas, podrán unirse para poner fin de una vez por todas al dominio de siglos de estas familias malvadas y sus organizaciones engañosas (ONU / FEM / UE / FMI / GAVI / Comisión Trilateral, Bilderberg, BIS, Fundación Gates, Fundación Rockefeller, etc.), que son a lo sumo unas pocas decenas de miles, pero que están haciendo de la vida un infierno indecible para el resto.

Esa unanimidad de negros, morenos, blancos, amarillos, jóvenes, viejos, musulmanes, cristianos, budistas, judíos, vaxxers, no vacunados, de izquierdas, de derechas o miembros de cualquier letra del alfabeto identitario, es lo único que temen estos sádicos diablos de los frikis humanos y, por tanto, es exactamente lo que intentan evitar con todas sus fuerzas con la "diversidad" y cosas como los pases QR/vacunas.

¿Caemos en estas llamativas tácticas de "divide y vencerás", o demostramos por fin que hemos aprendido de la sangrienta opresión y de otras tragedias sociales del pasado, que tan a menudo fueron el resultado de nuestra desprevenida fe ciega en "líderes" y "gobiernos" mentirosos? Nuestra completa supervivencia puede depender de ello.

¿Más escasez?

'Descarbonización = despoblación. *Eliminar el CO2 significa eliminar la raza humana'* - **El período 2022 - 2024 será crucial para todos nosotros**

El CO_2 es la "molécula de la vida" en nuestra atmósfera. Sin el CO_2, la vida actual en nuestro planeta no sería posible. A pesar de toda la propaganda climática, el nivel de CO_2 en nuestra atmósfera sigue siendo históricamente bajo (450-500 ppm), y no está muy por encima del peligroso límite inferior de 300 ppm. Por debajo de ese nivel, todo lo que vive en este planeta comienza a morir. Así que qué gran idea la de Occidente no sólo para reducir significativamente las emisiones de CO_2, sino también para sacarlo de la atmósfera. En Estados Unidos se ha puesto en marcha un gran proyecto para hacer exactamente eso. Esto es tan absurdo y peligroso, que es más o menos comparable al escenario de las conocidas películas de ciencia ficción en las que una agresiva raza alienígena "terraforma" la Tierra en otra atmósfera, hostil a nosotros, para que sea adecuada para su forma de vida.

Expropiar a los agricultores = atacar el suministro de alimentos

Totalmente en línea con la Agenda-2030, en Estados Unidos se está comprando a la fuerza a un gran número de agricultores (directa o indirectamente con los miles de millones de Bill Gates) y, por tanto, se les está expropiando, tras lo cual sus tierras confiscadas se retirarán en parte del arsenal agrícola. El objetivo es entregar el control total sobre el suministro de alimentos, que pronto será muy limitado, al gobierno mundial comunista del "Gran Reajuste", que ya está en funcionamiento, aunque algunos países (como Rusia) se niegan obstinadamente a someterse.

El proyecto "Heartland Greenway" de Iowa se presenta, obviamente, como "verde" y supuestamente beneficioso para "el clima" y "la comunidad", pero, como ocurre últimamente con casi todo lo que la élite occidental impulsa -pensemos especialmente en las inyecciones de terapia genética Covid-, en realidad se está consiguiendo exactamente lo contrario.

Una vez que la infraestructura del proyecto esté en funcionamiento, se aspirará de la atmósfera y se almacenará bajo tierra el equivalente a las emisiones de CO2 de 3,2 millones de coches o tres veces la ciudad de Des Moines. A escala de Estados Unidos, eso aún no es mucho, pero si tiene éxito, se prevén muchas más plantas de este tipo.

El CO2 es alimento para las plantas y los cultivos, y por tanto para nosotros

Cualquiera que haya terminado la escuela primaria sabe que la fotosíntesis de las plantas y los cultivos depende del sol, el agua y el CO2. Los invernaderos de Westland se llenan de CO2 para que los cultivos crezcan más rápido y más grandes. Esto ha convertido a nuestro pequeño país en uno de los mayores exportadores de alimentos del mundo.

Los seres humanos y los animales, hechos de carbono, "consumen" este CO2 después de que los cultivos lo hayan convertido en proteínas y moléculas muy necesarias para nosotros. En un pasado lejano, cuando había miles de ppm de CO2 en la atmósfera, nuestro planeta era un gran jardín verde con enormes selvas tropicales donde ahora hay desiertos. Con aún menos CO2 -esencialmente la "molécula de Dios" en nuestra atmósfera- nuestro planeta se volverá aún más frío y seco, los cultivos fracasarán en masa y se desatarán hambrunas sin precedentes.

Estos, como ya saben, llegarán de todos modos a partir del próximo año, y eso también es el resultado directo de las políticas climáticas de los globalistas occidentales. Durante años ha habido una guerra contra el gas natural, que ahora ha colapsado parcialmente la producción de fertilizantes, de los que depende la alimentación de casi 4.000 millones de personas.

Eliminar el CO2 = eliminar la humanidad

Si se quiere eliminar todo el CO2 de la atmósfera -como Bill Gates ha sugerido abiertamente en varias ocasiones, incluso en una de sus infames "charlas Ted" de hace varios años-, la Tierra se convertirá más o menos en una especie de segundo Marte y, por tanto, será

129

completamente inadecuada e inhabitable para la vida humana. Por tanto, eliminar el CO2 de la atmósfera no es más que un "genocidio a escala planetaria", según Mike Adams (Natural News).

La guerra contra el carbono (/CO2) es una guerra contra la vida. Contra nosotros. Descarbonización = despoblación. Eliminar el CO2 significa eliminar la raza humana'.

Una vez que el proyecto de Iowa se considere exitoso, estas plantas se construirán en todas partes. El CO2 será succionado de nuestra atmósfera, haciendo que las plantas y los cultivos se marchiten y finalmente mueran. La civilización humana será destruida. Si queda algo de CO2, tal vez puedan quedar vivos 500 millones de personas, como está escrito en las "Georgia Guidestones" (máximo 1.500 millones según la Agenda-2030).

Reptiles morales y espirituales

En la clásica serie de sf "V" (años 80), aparecen en el cielo enormes naves espaciales de las que sale una raza alienígena que parece idéntica a los humanos, pero bajo su falsa piel son reptiles. Fingen ser benefactores y nos dan todo tipo de tecnología médica, pero mientras tanto van detrás de nuestra agua y nuestra comida. Esa comida somos nosotros. También en la película de sf Oblivion (2013), unas máquinas gigantescas succionan el agua de nuestro planeta.

Viendo la "política" de vacunación climática, igualmente insana y devastadora, uno podría concluir que "V" y "Oblivion" eran formas de programación predictiva. Era ficción, por supuesto, pero siguiendo la línea de 'V' parece sospechosamente que los líderes occidentales han perdido toda su humanidad bajo su 'piel', y en todo caso se han convertido en 'reptiles' morales y espirituales que están provocando la caída de la humanidad.

'Si no detenemos la descarbonización, toda la vida en la Tierra, tal como la conocemos, llegará a su fin. Estamos bajo un ataque total a escala planetaria", concluye Adams. La humanidad debe defenderse o perecer".

Los próximos años serán cruciales

2022-2024 bien podrían ser los años más cruciales para todos nosotros. Ningún mortal podrá escapar a lo que las fuerzas diabólicas han desencadenado sobre la humanidad y -por más protestas que haya- aún desencadenarán. La nueva sociedad tecnocrática "climate-vaxxer", forjada en el miedo, el odio y la desconfianza, se impondrá como sea. Una víctima más o menos no será tenida en cuenta, ni siquiera si hay que añadir más y más ceros a las cifras de enfermos y muertos.

Recordad que este "infierno en la tierra" que se avecina no es un "castigo de Dios", como se suele presentar en las iglesias, sino una consecuencia directa de no querer seguir defendiendo la verdad, de seguir creyendo en mentiras demostrables y en fabricaciones que hacen cosquillas en los oídos, y de cooperar acríticamente -e incluso benévolamente- con el Mal absoluto disfrazado de falsa luz que ahora se abre paso en todas partes, nuestro país no está exceptuado.

Concluyo con unas palabras que no he utilizado antes: muchos de nosotros podemos no sobrevivir a este periodo. Ya es hora de que empiecen a tenerlo en cuenta seriamente en su mente y en sus acciones.

Esto se puede hacer desconectándose lo más posible de todos los deseos, anhelos y posesiones terrenales, y dirigir su ser interior a Dios, la fuente de toda la Luz, de toda la Vida y de toda la Conciencia, que después de la predicha destrucción total del actual sistema bancario 'farmacéutico' babilónico/luciferino, que desde el año 2020 ha estado esgrimiendo desesperadamente su última toma de poder contra nosotros, posiblemente dentro de unos pocos años con la venida de Cristo cambiará y renovará de forma definitiva la tan difícil y dolorosa vida temporal en este planeta.

Y tened esperanza, porque esa Luz -llamada a menudo "Reino de los Cielos" por Jesús en el Nuevo Testamento- está en proceso de abrirse paso en cada vez más personas en todo el mundo desde hace algún tiempo.

¿Reprogramación de humanos?

La nueva tecnología para convertir al humano original en "humano 2.0" (transhumanismo) está lista - *Presumiblemente dentro de 1 año se aprobará el uso del chip en humanos*

Científicos de la Facultad de Medicina de la Universidad de Indiana han desarrollado un chip de silicio que puede convertir células de la piel humana en vasos sanguíneos y células nerviosas. El prototipo se ha desarrollado y probado hasta tal punto que el chip es apto para su producción.

La nanotransfección de tejidos es una nueva tecnología que puede cambiar y reprogramar la función de los tejidos y células humanas a nivel genético en una fracción de segundo. Se dice que el chip se ha desarrollado para curar una serie de afecciones médicas -como una herida grave y daños cerebrales y nerviosos-, pero parece tener especial potencial para completar la transformación del humano original en el "humano 2.0" (transhumanismo).

Según Chandan Sen, director del Centro de Medicina Regenerativa e Ingeniería de Indiana, ahora otros investigadores pueden sumarse al desarrollo de la medicina por nanotransfección.

"Este diminuto chip de silicona despliega una nanotecnología que puede alterar la función de partes del cuerpo vivas. Supongamos que alguien tiene los vasos sanguíneos dañados tras un accidente de tráfico y necesita sangre... podemos convertir los tejidos de la piel en vasos sanguíneos y salvar el miembro comprometido".

El proceso de nanofabricación del chip dura actualmente entre cinco y seis días. Sen espera obtener la aprobación de la FDA en el plazo de un año, tras lo cual el chip podrá utilizarse para la investigación clínica en seres humanos (como pacientes en hospitales y personas en urgencias).

¿En beneficio de la humanidad?

¿Piensas alguna vez que esta tecnología que suena tan fantástica se utilizará en beneficio de la gente corriente? Por supuesto que no, al menos no mientras el mismo complejo de la Gran Farmacia, la Gran Tecnología, la Gran Política y los Grandes Bancos siga manejando el cetro sobre este mundo. (Por ejemplo, el desarrollo de este chip fue financiado por los NIH (Institutos Nacionales de la Salud), que desempeñaron y siguen desempeñando un papel extremadamente pernicioso en el desencadenamiento y mantenimiento de las medidas de "pandemia" de la corona, y en particular de las inyecciones obligatorias de terapia génica).

Las grandes farmacéuticas tienen cada vez más éxito, por ejemplo en la UE, en suprimir y/o hacer que se prohíban los suplementos y medicinas (naturales) de eficacia probada, sólo porque suponen un peligro para la pandemia de adicción a los medicamentos, extremadamente lucrativa, que se ha desatado en las últimas décadas en Occidente en particular, haciendo que toda la población esté cada vez más enferma, débil y dependiente.

¿Y crees que los políticos están realmente esperando a que la población funcione bien? Si eso fuera mínimamente cierto, la Ivermectina, barata, extremadamente segura y de probado éxito, que fue galardonada con el Premio Nobel, se habría utilizado inmediatamente el año pasado para combatir el brote de la enfermedad de la corona. Las experiencias en países y regiones que fueron en contra del dictado de la OMS y la recetaron de todas formas, han demostrado este efecto muy claramente.

Pero Big Pharma no puede ganar dinero con la Ivermectina libre de patentes, y mucho menos con personas y niños sanos. Así que otra garra maligna de este vientre globalista lleno de nepotismo y profunda corrupción -la política- se desplegó para detener este medicamento, en favor de las ahora extremadamente dañinas y peligrosas inyecciones de terapia/manipulación genética, con las que los fabricantes se embolsan miles de millones (dinero de los impuestos que podría haberse gastado en salud pública real, y en la mejora de asuntos triviales como la atención sanitaria y la educación en general).

También se abusó de la tecnología del ARNm casi inmediatamente

Vamos a cambiaros", anunció abiertamente Klaus Schwab hace unos años. En su opinión, hay que cambiar a los humanos a nivel de ADN para convertirlos en seres "mejores" (= más controlables y gobernables, es decir, totalmente despojados de su libertad, autodeterminación y privacidad). Como la ingeniería genética de los seres humanos aún no estaba permitida en ningún lugar del mundo, había que inventar una crisis. Como es bien sabido, eso se convirtió en la "pandemia" de la corona, que todavía se practicaba abierta y extensamente en octubre de 2019 (Evento 201).

Bajo la apariencia de un virus respiratorio -que resultó ser estadísticamente no más peligroso que una gripe leve- se impulsó, con creciente coacción y demostrado fraude, engaño y decepción, la controvertida tecnología del ARNm, que un equipo de investigación interuniversitario de EE.UU. determinó en 2019 que distaba mucho de ser apta para ser probada en humanos. Fue el rescate de Moderna, que estuvo al borde del colapso ese año, y a estas alturas gran parte de la población mundial ha recibido las primeras inyecciones de una serie interminable de inyecciones experimentales de terapia/manipulación genética (un hecho recientemente reconocido públicamente por el director general de Pfizer).

Del mismo modo, la tecnología del ARNm se desarrolló originalmente para ayudar a las personas, curar y desarrollar un tratamiento para el cáncer y otras enfermedades graves. Pero aunque esta tecnología de ARNm distaba mucho de ser segura para los seres humanos, y sólo se utilizaba excepcionalmente en enfermos terminales (con resultados regularmente fatales), unos 11 o 12 millones de holandeses se han inyectado con ella después de dejarse aterrorizar por un virus respiratorio por la falsa propaganda. Con todas las dramáticas consecuencias que esto conlleva, que cada vez son más difíciles de negar, y que ahora han quedado tan claramente demostradas que el médico británico más conocido y citado habla literalmente de "asesinato".

Esclavos transhumanos

Con la nueva tecnología que se utiliza en un periodo de tiempo inimaginablemente corto para conseguir objetivos ideológicos malvados, deberíamos, en mi opinión, sospechar mucho del chip de nanotransfección que se ha desarrollado. De hecho, en combinación con la nanotecnología* ya aplicada en las inyecciones de Covid, bien podría ser utilizada indebidamente para realizar el gran sueño de los globalistas de la vacuna climática: el control tecnocrático total y absoluto de todo y de todos.

Las personas a las que se les permita sobrevivir a las crisis fabricadas de nuestro tiempo -y quién sabe qué más nos enviarán- degenerarán entonces en esclavos transhumanos vinculados digitalmente, en una especie de cyborgs androides que sólo pueden (y quieren) seguir órdenes. Será la peor forma de esclavitud de la historia, en parte porque estas personas ya no podrán albergar ninguna esperanza de poder salir alguna vez (si la emoción de la "esperanza" es permitida por la tecnología inyectada (controlada por la 5G/IA)).

La integración paso a paso en este sistema de "La Bestia" ha comenzado con toda su fuerza con la primera serie de inyecciones de Covid. Si caíste en la trampa, es posible que aún puedas salirte ahora -y tendrás que aceptar el alto precio de un sistema inmunológico dañado y/o coágulos de sangre y/o daños genéticos y en los órganos- pero en algún momento -después de la tercera inyección... la sexta- lo más probable es que ya no, especialmente cuando la tarjeta QR-vax estará vinculada a tu DNI, tarjeta bancaria y acceso a... todo, incluyendo la vida misma.

Un rayo de esperanza

El economista estadounidense Martin Armstrong pide incluso "un golpe militar a la antigua para arrastrar a estos políticos... y luchar contra esta invasión extranjera ('Great Reset')" - *"Suiza debería asaltar el Foro Económico Mundial" - Los próximos meses son decisivos.*

Para evitar que nos sumerjan cada vez más en esta dictadura comunista de la Agenda-2030 de vacunas climáticas bajo el disfraz de la salud pública con medidas fascistas duras como una roca, y para asegurar que recuperamos nuestra libertad y autodeterminación, es crucial que una parte sustancial de las fuerzas del orden empiece a ignorar las órdenes ilegales de los políticos y se ponga abiertamente del lado del pueblo. En Austria, donde las personas no vacunadas han sido puestas bajo arresto domiciliario y donde son literalmente perseguidas si se atreven a salir de todos modos, este contramovimiento ya ha comenzado. En el estado norteamericano de Oklahoma, un general de la Guardia Nacional anuló el requisito de vacunación para todo el personal militar inmediatamente después de su nombramiento.

Necesitamos un golpe de estado militar a la antigua usanza

En Austria, la policía y el ejército están haciendo frente al gobierno", escribe el economista estadounidense

Martin Armstrong. Lo que necesitamos es un golpe militar a la antigua para arrastrar a estos políticos en algunos países, para que el resto tema la revolución. Así se desarrolla un "contagio político". Sólo cuando los militares y la policía decidan proteger la vida de la gente en lugar de destruir el futuro de sus propios hijos, la justicia podrá resurgir de las cenizas".

En Viena, un gran número de agentes y personal militar se niega a aplicar los pases obligatorios de la vacuna. Según Armstrong, la admisión abierta de Bill Gates de que las inyecciones de Covid no funcionan como se espera y no pueden prevenir las infecciones ha contribuido a ello. Así, dado que incluso Gates admite que no hay diferencia entre las personas vacunadas y las no vacunadas, todas las medidas de apartheid que separan a este último grupo del primero son innecesarias, injustificadas e ilegales y, por tanto, no son más que pura opresión totalitaria.

'Lucha contra esta invasión extranjera, asalta el FEM'.

El ejército y la policía austriacos son los primeros en el mundo en defender los derechos humanos contra esta agenda extranjera (globalista). En nombre de la "libertad y la dignidad humana" acuden en ayuda de su país en la lucha contra lo que en realidad es una invasión extranjera.

Los suizos tienen que asaltar el Foro Económico Mundial (en Davos), y entonces veremos todas las pruebas de este ataque global coordinado contra nuestras libertades", concluye Armstrong.

La Guardia Nacional de Oklahoma retira la obligación de vacunación

En Estados Unidos se está gestando el inicio de un cisma en las fuerzas armadas. Ayer, el gobernador de Oklahoma, Kevin Stitt, nombró al general de brigada Thomas Mancino como nuevo adjunto. Sustituye al antiguo general de división Michael Thompson, que no cederá el mando a Mancino hasta el 15 de enero de 2022.

¿La primera orden de Mancino? Derogar la obligación de vacunación para todos los soldados de la Guardia Nacional mientras estén bajo su mando. Sin embargo, si las tropas son movilizadas por el gobierno federal, esa obligación seguirá vigente, ya que entonces dependerán del Pentágono. Esto, por cierto, ha anunciado una "respuesta adecuada".

Según estimaciones no oficiales, el ejército de EE.UU. está perdiendo varias decenas de miles de personas porque se niegan a ser inyectadas. De todos modos, el gobierno de Biden está teniendo una mala semana ahora que un tribunal federal de apelaciones ha decidido mantener la orden judicial preliminar de un tribunal inferior contra el requisito de la 3G para las empresas privadas con más de 99 empleados. Estos empleados pueden respirar tranquilos, ya que (todavía)

141

no pueden ser despedidos por no cumplir con las obligaciones de vacunación o de realización de pruebas.

Señales de resistencia en otros países de Europa y también en Nueva Zelanda

Durante los años de preparación de este golpe, se ha puesto patas arriba la estructura policial en Europa (Policía Nacional), hasta el punto de que se ha creado una desconfianza mutua, como demuestran varios testimonios de ex policías y de policías en activo. Además, han desaparecido muchos conocimientos y experiencia.

Un grupo de policías de Nueva Zelanda ha publicado este vídeo en el que dicen estar a favor de la libre elección y no discriminar entre los que se vacunan y los que no. Reclaman "Mi cuerpo, mi elección", incluso para los policías, que deberían estar obligados a inyectarse.

Mis derechos y libertades médicas NO deben ser decididos por la policía", escribió un agente en el capó de un vehículo de servicio. Otro policía: "20 años en el cuerpo, ¿y ahora "Sin Jab, no hay trabajo"? La coacción NO es consentimiento". Un colega: '¡NO a las obligaciones! ¡NO a la segregación! NO a la discriminación". Un agente que lleva 17 años en la policía: 'Esto es más que mi trabajo, es mi vida. Confío en mi sistema inmunitario antes que en una inyección experimental".

En los próximos meses, es un éxito o un fracaso.

Cada vez hay más conciencia de que los próximos meses serán decisivos para nuestra libertad y nuestro futuro. En cualquier momento, los gobiernos occidentales pueden apretar el gatillo de la siguiente fase del "Build Back Better - Great Reset" del FEM, diseñado para someter a nuestros países a una dictadura comunista de la "Agenda-2030" de vacunas climáticas a través de políticas muy amplias y devastadoras. Esa próxima fase bien podría comenzar con un repentino apagón de días, o incluso semanas, como ya anunció el FEM a principios de este año.

¿Ganarán estos enemigos de todo lo que apreciamos, e incluso de la vida misma? Porque este apagón probablemente se utilizará para un "reset" financiero, económico y también social total, en el que realmente se les quitará TODO a los ciudadanos y a las PYMES y se entregará a un poderoso club globalista (Big Pharma / Big Tech, ONU / UE / FEM / FMI / GAVI / BIS / Comisión Trilateral y más).

¿O la gente y los pueblos dirán finalmente NO en masa, y se asegurarán pacíficamente de que los responsables sean depuestos y/o detenidos, y juzgados con justicia en un tribunal de crímenes de guerra por cometer y/o colaborar en graves crímenes contra la humanidad?